财务信息化管理与审计学研究

李　茜　陈晓荣　李玲玲　著

中国商业出版社

图书在版编目（CIP）数据

财务信息化管理与审计学研究 / 李茜，陈晓荣，李玲玲著. -- 北京 : 中国商业出版社，2021.12
ISBN 978-7-5208-1931-2

Ⅰ. ①财… Ⅱ. ①李… ②陈… ③李… Ⅲ. ①财务管理一管理信息系统②审计学 Ⅳ. ①F275②F239.0

中国版本图书馆CIP数据核字(2021)第241636号

责任编辑：侯静　杜辉

中国商业出版社出版发行

010—63180647　www.c-cbook.com

（100053　北京广安门内报国寺1号）

新华书店经销

三河市明华印务有限公司

*

710 毫米 ×1000 毫米　16 开　7.5 印张　130 千字

2021 年 12 月第 1 版　2021 年 12 月第 1 次印刷

定价：46.00 元

* * * *

（如有印装质量问题可更换）

前言

21世纪是信息技术的时代。随着生产的自动化、贸易中电子商务的普及、网络财务软件的广泛使用以及支付手段的多样化，信息技术对财务和审计学发展的影响越来越大，财务信息化与审计信息化将是21世纪必然趋势。

20世纪90年代，我国开始引入计算机和会计软件，告别了手工记账，开始了财务信息化的发展历程。随着管理要求不断提高，信息技术持续进步，财务信息化管理已经从专业化的会计核算处理向综合性的管理型方向发展。当今社会，信息技术与电子技术正在会计事务中得到越来越广泛的应用，以智能代替人工的案例在财务核算中越来越多。财务信息化管理是在一个特定的情况下产生的一种全新的财务管理方式。它不再像传统式的管理方式，而是实现物流、资金流和信息流同时流动，可以及时地反馈信息，有助于完善财务管理。财务管理将从单一的服务变成多目标的发展，并且对各个分工都进行合理的安排，以此进行有效的工作。

计算机信息技术的发展被人们称为第三次工业革命，在现代社会当中信息技术正以前所未有的力量影响着社会经济发展，因此，审计工作也在向信息化发展。审计信息化的概念是在信息技术不断渗透到审计工作之后所得到的一个全新的概念，也是现阶段审计工作发展的一个重要趋势。审计信息化的出现极大地提高了审计工作的效率，但是也对工作人员的素质提出了更高的要求。在审计信息化背景下，审计人员必须要对审计方法的特征以及具体应用具有较多的了解才能满足审计信息化工作的基本需求。

鉴于此，笔者撰写了《财务信息化管理与审计学研究》一书。本书共有六章。第一章阐述了财务信息化的基础理论，涵盖财务信息化的内涵与特征、财务信息化建设的必要性与目标和财务信息化的发展历程；第二章对财务业务信息化进行了探究，包括我国财务业务信息化概述、财务系统管理的信息化和财务系统的初始信息化；第三章论述了财务会计管理信息化，包括账务处理信息化和出纳管理信息化；第四章阐述了审计学的基础理论，涵盖审计的概念与职能、审计的种类与方法和信息技术对审计的影响；第五章论述了信息化环境下新型审计方式及对策，包括信息化环境下新型审计方式、远程联网审计和新型审计方式的风险防范措施；第六章探究了推动我国审计信息化建设的思路与途径，涉及明确审计信息化建设的必要性及优势、实现企业审计信息的共享协同、促进审计信息化人才培养和完善审计信息化的规范标准。

笔者在撰写本书的过程中，借鉴了许多专家和学者的研究成果，在此表示衷心的感谢。本书研究的课题涉及的内容十分宽泛，尽管笔者在写作过程中力求完美，但仍难免存在疏漏，恳请各位专家批评指正。

目录

第一章　财务信息化的基础理论探究

第一节　财务信息化的内涵与特征

一、财务信息化的内涵

财务信息化是指财务人员以实现企业利益最大化为目标，通过利用信息技术，进行企业流程再造，建立与之相适应的财务组织模式，并调动财务人力资源潜能，开发企业财务信息资源，提高财务工作效率，以更好地组织企业财务活动，处理财务关系①。

（一）以现代信息技术为基础

信息技术是应用信息科学的原理与方法来研究同信息有关的技术的总称。财务信息化必然要以现代化信息技术为基础，利用其原理与方法，针对财务工作的特性及需求，指导具体的实践。现代信息技术也是构成财务信息化物质基础的一部分。

（二）以财务信息资源作为企业的重要战略资源

进入信息经济时代，信息将成为经济活动的战略资源。因为财务管理是通过财务资金的流动对企业价值运动和价值增值实施综合管理，而价值管理的主要手段是对各种信息进行反馈，财务信息资源成为企业的重要战略资源。建立财务信息化，就是为了充分挖掘企业的财务信息资源，并充分利用这种资源提高企业的

① 财政部企业司．企业信息化管理［M］．北京：经济科学出版社，2004：9.

财务管理水平。

（三）以调动财务人力资源信息潜能为关键

财务信息化与传统财务管理模式的一个主要区别是财务信息化采用了人本化的理念，实行开放式管理，通过激发财务管理人员的信息潜能并发挥其积极性和自主性，使其能够通过使用与维护先进的信息技术，对信息资源做出科学的判断，并进行创造性开发，从被动接受管理转变到主动承担责任，使企业财务管理走向一个更高的层次。

（四）以学习型组织为财务组织模式

财务信息化并不是简单地在财务工作中采用先进的信息技术，而是建立与之相适应的组织模式。为改造传统企业组织模式以适应信息化社会的发展，管理学界近些年提出了企业再造、流程再造的概念，而学习型组织正是适应这种财务信息化的组织模式。这种组织模式既注重个人潜能的挖掘，又强调团队精神的发挥，更要求企业成员不断学习，以适应信息化社会不断变化的外部环境。

（五）以实现企业利益最大化为目标

企业以财务管理为核心，财务信息化建设能为企业管理提供最佳的平台和工具。通过信息技术的适时性、共享性和公共性，与财务管理手段相结合，可以明确和优化企业的各项业务及管理流程，达到降低劳动成本和提高工作效率，使企业能够避免无效的产能浪费和内耗，实现利益最大化。

二、财务信息化的特征

财务信息化是信息化时代产生的一种新的管理方式，它具有不同于其他信息系统的特征①。

（一）实现物流、资金流、信息流的同步产生

在信息技术的支持下，业务驱动导致生产经营直接产生财务数据，保证生

① 张瑞君．e时代财务管理：管理信息化理论与实践的探索［M］．北京：中国人民大学出版社，2002：33-34.

产经营活动与财务数据相一致，财务部门从信息系统中及时取得资金流信息，通过资金流动状况掌握物资流动和企业真实的生产经营情况，分析企业的成本和利润以及其他信息，为企业决策提供参考，从而实现物流、资金流、信息流的同步产生。

（二）财务管理集成化

财务信息建设可以在企业内部网络和信息系统的基础上，从科学、及时决策和最优控制的高度，把财务信息作为战略资源加以开发和利用，并根据企业战略的需要把现代科学管理方法和手段有机地集成，实现企业内财务人员、资金、财务信息等的综合优化管理。

（三）财务管理组织弹性化

根据实际管理的需求，财务管理组织改变了以往传统的垂直式组织结构，建立扁平化、网络化的财务组织，加强组织横向联系，管理中心下移，减少环节，降低成本，使企业横向交流顺畅，上下沟通无阻，从而及时反馈财务信息，以利于企业财务预测、决策、分析和控制。

（四）财务管理人本化

信息社会中，生产资料相对丰裕，同时，通过企业内部和外部信息网的建立，企业获取有效资源的信息成本大大降低，因此，信息人才成为十分稀缺的资源，相应地，企业管理的重点也由以往物的管理转向人的管理。其本质是对人的管理，特别是注重人力资源的开发，真正做到人尽其才，实行人本化管理。

（五）财务资源扩大化

信息时代，企业为适应激烈的竞争，纷纷采取供应链的形式。这些供应链企业相互之间存在密切的关系，并在其中通过以效益最大化和本金扩大化为目标进行财务资源配置，因此在进行财务管理时从整个供应链的角度进行整合，使资源进一步得到共享和扩大。

（六）财务管理由单一目标向多目标发展

一直以来，企业财务管理的目标是股东财富最大化和企业价值最大化，这也是由物质资本占主导地位的经济环境决定的。在信息时代，企业的资本结构发生了很大的变化，物质资本的地位相对下降，知识资本的重要性日益显现，这使得财务管理的目标既要考虑股东财富，又要关注股东之外的相关利益主体，使财务管理由单一目标向多目标发展。

第二节　财务信息化建设的必要性与目标

一、财务信息化建设的必要性

（一）对企业而言，财务信息化建设的必要性

1. 财务信息化对提升企业整体竞争力、实施发展战略具有十分重要的意义

财务信息化是实现信息共享、信息整合的基础，是加强财务集中监管的有力手段，为企业领导及时掌握企业经营状况，为企业实现事前计划、事中控制和事后监督相结合的财务监管提供支持，为当前财务工作中的一些重大问题提供解决的工具。

2. 财务信息化建设是提高财务管理水平、促进财务管理现代化的必要手段

企业财务信息化是管理现代化的体现，是核算全面化的要求，而“数出一门”是数据准确性的保证。为优化企业资源配置，企业必须实行统一的财务制度和管理规范，统一资源调配，强化决策和经营考核，强化利润目标和成本控制，实行账务分开、责权相对独立、计量单位和报表格式统一、考核决策一致的财务管理原则，以方便企业财务信息的采集和处理。这样，采用现代化管理手段成为必然的选择。

3. 财务管理现代化、信息化是实现企业战略目标的迫切需要

财务管理是提升企业管理水平的核心，财务工作必须面向企业、面向发

展、面向未来，树立市场导向、效益优先、开拓发展的思想，根据以人为本、机制创新、政策推动的方针，切实进行管理模式变革，而管理模式变革和管理工具的改善是一个良性互动的过程，财务信息化建设本身包含管理体制的改革与管理工具的改善两个方面，要提高整个企业财务管理的水平，就必须借助有效的管理手段，进行财务信息化建设①。

4. 财务信息化建设在提高企业经济效益水平方面具有现实意义

这具体体现在很多方面，如能够减轻财务人员的劳动强度、提高工作效率、节约资金成本、节省物料、降低内部交易成本、提高企业经营绩效等。国内众多大型企业集团的经验表明，成功的财务信息化建设确实能够大大提高企业管理水平和企业经济效益。

（二）从国际经济的组织形式来说，财务信息化建设的必要性

21世纪是国际经济组织形式发生重大变化的转型时期，由此要求的财务管理组织形式也将发生重大变化，财务信息化管理是适应国际经济新形势的必然产物。具体表现如下。

1. 知识经济型产业呼唤财务信息化管理

18世纪自英国开始的第一次工业革命，产生了人类的传统产业，即纺织、汽车、火车、军工、电气、日用等。由于当时全球资本、技术、资源、市场的国际化流动程度的局限，世界经济非均衡发展，区域经济、地方市场、技术垄断、市场垄断等因素塑造了相对独立的、各自不同的地区经济的国际经济组织形式。相对狭小的经济空间、时间、市场、股东、用户、金融、结算、海关等经济运行环节，决定了其信息支撑的满足程度是使用传统的财务报表、统计报表、电话、电传等手段。20世纪以美国为首推动的第二次产业革命，产生了人类现代的信息产业，即信息网络、移动手机、微型计算机、卫星监控、GPS导航、商业互联网等知识经济型产业。传统产业转型到以信息化整体支撑的知识经济型产业，信息化带动了传统工业化，工业化必然推动信息产业化。信息产业实现了市场、结算、股东的远距离控制，加大了资本、技术、资源、市场的国际化流动，由此决定传统的财务报表、统计报表信息模式远远不能满足高速运转的国际经济组织形式的需要，势必呼唤与之相适应的财务信息化管理模式，以支撑知识经济型产业。

① 杨巧玲. 财务信息化建设的必要性［J］. 财会学习，2020（34）：12-13.

2. 经济全球化要求财务信息化管理

世界各国为了追求宏观资源配置效率和微观资源使用效率，追求新产业、新技术、新产品、低成本、大市场的经济欲望，促进了经济全球化的全面加速。经济运转的空间结构从经济地域、行业领域、信息领域、市场规则、资本输出、技术转让、资源配置、资源使用、资本经营、资本市场、货款结算、投资决策等方面发生了深刻的变化。由此可见，经济全球化是一种不以人们主观意志为转移的客观规律，是各国经济双赢的、全球福利普遍增进的经济增长实现形式。显而易见，只有依赖知识经济时代的现代信息、现代物流，财务信息化管理才能支撑全球统一市场，支撑经济全球化的全面实现。

3. 国际资本市场、国际化管理呼唤财务信息化管理

经济全球化影响着资本扮演的角色，经济全球化同样不断打造着财务管理模式，资本、技术、劳动力、合同、产品进出、价格市场、货币结算、汇率、期货、套期保值、关税、法律等已融入国际市场，决定了其财务管理的程序、观念、方法都要遵循国际贸易惯例，传统的财务管理模式会发生较大的变化。

面对高度现代化的信息产业时代，其全球市场、全球资本、全球结算、国际贸易的重要性决定了其业务信息、资金信息、财务信息、技术信息、商品信息、政策信息、市场信息、人才信息等必须在以计算机网络和互联网络等公司为主体的信息系统上运作。财务管理目标决定了财务管理的手段必须高度信息化，全面推进财务信息化管理。

4. 错综复杂的财务整合经济因素要求财务信息化管理

在国际化贸易中，大型企业集团的财务整合经济因素一般包括资本规模、科技革命、价格市场、物流市场、劳动力市场、关税政策、资金结算、资产结构、产权结构、收入、成本、利润、债权债务、经济合同、经济纠纷、法律差异、期货、期汇、汇率变动、套期保值、租赁、运输、包装、保险、质量、速度等。其财务信息的基本要求有三个。一是分类性。各种经济因素所披露的信息标的、数量、质量揭示着不同的经济现象，由此决定财务信息系统是由众多子系统组成。二是全面性。要求全面披露与生产经营有关的所有直接、间接、关联信息，由此决定需要一个庞大的信息系统。三是及时性。时间就是金钱，获取经济效益的前提是拥有即时的市场、技术、价格、物流等信息，由此决定需要高速聚集、整理、分析、决策、反馈的财务信息化管理的信息网络。

二、财务信息化管理建设目标

财务信息化管理建设总体目标是在企业范围内建立一套安全、规范、统一、实时的财务信息系统。根据当前财务管理业务的内在需求，目标如下。

（一）建立统一的财务信息化管理平台

建立统一的财务信息化管理平台是实现企业财务管理的基础和信息化的先行目标。包括统一软件和数据接口、统一报表格式、规范会计核算方式，在满足不同会计核算制度的前提下，统一会计科目、代码和会计政策等。

（二）加强财务监督职能，做到财务信息的实时共享

实现远程查询、溯源查询等功能，可以对单位财务信息进行实时监测，结合内部审计，及时发现问题。

（三）实现强大灵活的报表生成系统

建立统一的报表体系，快速自动生成、汇总各单位的各类会计报表，支持基本报表、行业报表以及公司内部管理等各类报表，支持多种格式的报表输入输出，接口良好，能和其他软件的报表格式进行数据交换。

（四）支持财务分析、管理会计和决策分析功能

满足各类财务指标的分析需求，在信息实时、准确共享的基础上，支持领导查询和决策分析，全面提高各基层单位的财务管理水平。

（五）建立企业预算管理体系，强化财务管理功能

根据不同层次单位的特点，设计不同的预算管理方案，深化预算管理工作，建立完善资金、财务、资本、筹资等预算，使预算的组织、编制、实行与控制、调整、分析与考核形成一套完整、规范的闭环程序。

（六）实现并完善成本费用管理体系

根据总行业业务特点，建立适用、准确、先进的成本核算体系。在此基础

上，强化预算、考核、控制、分析功能，根据下属单位的不同需求，构成成本管理技术平台，建立有效的成本管理体系。

（七）实现高效有序的资金管理

建立高效有序的资金管理体系，对资金进行统筹调度，改善资金结构，合理配置使用资金，解决资金沉淀与短缺并存的问题，掌握企业资金流向，提高资金使用效率，降低资金使用成本和资金运营风险。

（八）建立便捷实用的资产管理体系和灵活的效绩评价考核体系

将产权登记、清产核资、资产评估、股权管理等资产管理软件与财务管理系统连接起来，实现资产管理与财务管理的一体化，提高资产管理的效率；建立适合企业实际的绩效评价考核体系，实现与财务信息系统的无缝连接，通过绩效评价，促进企业改善经营管理，提高经营绩效。

第三节　财务信息化的发展历程

一、财务信息化的历史回顾

（一）记账型时期——20 世纪 70 年代末至 80 年代初

1978年长春一汽首次将计算机与财务工作结合起来，标志着我国财务信息化工作的真正开始。20世纪80年代初期，不少单位已经在财务信息化领域中做出了许多有益的探索，由于计算机对财务数据计算速度快、准确性高，财务信息化将财务人员从复杂的记账、算账工作中解脱出来，使传统的财务工作获得了一次真正飞跃。这一时期财务信息化工作的显著特征是用计算机进行账务处理代替传统的手工记账，因此这一时期可以称为财务信息化的记账型时期。这一时期财务软件的特征是：功能主要为记账和会计报表生成；应用部门主要是会计部门；软件的流程规范性差；数据库主要是dBASE等小数据库。但是这一时期的财务信息化仅仅是模仿手工记账，其触角并未触及各单位的业务核算，无法体现财务信息化在企业全面信息化中的核心地位。

（二）核算型时代——20 世纪 80 年代中期至 90 年代初期

这一时期我国财务软件呈现百花齐放的态势。20世纪80年代初期，我国第一个商品化软件“先锋”问世，标志着我国财务信息化工作走向成熟，随后“用友”“万能”等财务软件相继推出，大量的用户需求以及财务软件厂商的推动和政府部门的倡导，使我国财务信息化工作越来越朝纵深方向发展。软件厂商的商品化财务软件集合了广大用户的普遍需求，其功能大大加强。这一时期财务软件以单机应用为主软件的流程规范性强，财务软件在工资、固定资产、收付款、成本等业务核算方面的功能性已经越来越强，数据库除dBASE外还包括了FoxBASE，FoxPro等，仍然没有涉及会计核算以外的财务管理内容。这一时期财务信息化已经由简单记账朝业务核算方向发展。

（三）管理型时期——20 世纪 90 年代中期至 90 年代末期

从20世纪90年代中期开始，企业引入国外的模式开发财务及企业管理软件，旨在“突破传统核算、迈向全面管理”。老牌软件厂商“用友”和新崛起的“金蝶”为这一时期的软件发展做了许多卓有成效的工作。

这一时期财务软件的特征是：财务软件开始成为企业全面管理软件的一部分，与采购、销售、车间管理等管理领域有机结合；数据库采用Access，技术结构由文件/服务器（F/S）型向客户/服务器（C/S）型继而向浏览器/服务器（B/S）型转移；网络财务成为应用模式。这一时期的财务信息化涉及财务管理内容，但仍然不能支持联机分析、电算化审计，同时不能真正做到海量数据管理和会计国际化的趋势。

我国传统的财务软件，无论是记账型、核算型还是管理型，本质上都属于通用普及型财务软件。由于我国财务信息化工作起步较晚，我国企业的管理基础相对薄弱，使我国传统的财务软件有一个显著特征，那就是“单一”，主要表现在：功能单一、技术架构单一、基础数据单一、操作平台单一、界面语种单一、支持的会计制度单一。

二、财务信息化迈向高端专业型

为适应加入世界贸易组织（WTO）的要求，我国的财务信息化和财务软件应具备国际通用功能。以目前国内成熟的财务软件为参照来分析，高端专业型财务软件与传统的通用普及型财务软件相比具有明显的“多元”性特征，主要表现如下。

（一）实现功能的多样化，财务软件的功能不断扩大

在软件设计中将财务会计和管理会计有机结合，以财务会计报告系统为核心，在此基础上建立和完善对企业经营活动的计划和控制功能，做到事前、事中、事后的动态管理。

（二）基于Internet、Web的全面应用

全面采用网络计算技术，网络化管理，移动办公；体系开放，支持电子商务；实现财务集中式管理，动态核算，实时监控；网上操作等。

（三）财务国际化

软件在符合多国和国际会计准则、多语言、多币种的情况下提供具有国际可比的会计信息，满足企业参与国际竞争的需要。

（四）财务业务协同，信息流、票据流有效整合

新时代财务软件应最大限度地做到各种数据信息的共享，企业信息不再局限于财务信息，而必须扩展到业务信息，做到财务业务的协同。

加入WTO后，中国企业在管理思想和管理手段上面临着巨大变革，财务信息系统作为企业财务管理思想和管理手段的承载体，也将随着企业管理的变革而变革。传统的通用普及型财务软件已经无法适应企业管理精益化和国际化的需求，企业在构建财务信息系统时，那些高端专业型财务软件成为首选①。

① 杨霖．财务共享服务下管理会计信息化发展策略［J］．纳税，2021，15（16）：127-128.

第二章　财务业务信息化探究

第一节　我国财务业务信息化概述

一、会计电算化

世界上第一台计算机ENIAC（电子数字积分计算机）1946年在美国诞生，因其只是以电子管为基本元件的第一代电子管计算机，大大限制了其应用领域。20世纪50年代末期以晶体管为基本元件的第二代晶体管计算机、60年代中期以集成电路为基本元件的第三代集成电路计算机出现后，工农业、生物医学、教育经济等各个领域大量应用计算机进行科学计算、数据处理和过程控制。1954年美国通用电气公司首次利用计算机计算职工薪金，开始了会计处理手段的变革历程，其后计算机处理逐步渗透到会计核算的各个工作环节。60年代末期，会计领域已普遍运用计算机替代人工进行各种会计数据的处理。

我国将计算机技术应用于会计数据处理，始于20世纪70年代末。1979年长春第一汽车制造厂大规模信息系统的设计与实施，是我国会计信息系统发展的一个里程碑。1981年8月，财政部、第一机械工业部、中国会计学会在长春召开的“财务、会计、成本应用电子计算机问题研讨会”，第一次提出了“会计电算化”概念。会计电算化是指将电子计算机处理技术应用到会计工作中，即在财务会计工作中，使用计算机代替人工记账、算账、报账，通常是会计核算即账务处理的电算化。

1988年，全国掀起了计算机应用的热潮，会计电算化进入了一个快速发展时期。1988年12月，“用友财务软件服务社”的成立，是我国会计软件商品化开发和推广的重要标志。1989年，北京先锋集团公司基于DOS环境下研发的“凯利·先锋CP-800”，是我国第一个会计核算软件，因为没有产品更新，现已基本消失，但对我国会计电算化的影响是很大的。

财政部于1989年制定第一个会计电算化管理规章《会计核算软件管理的几项规定（试行）》，1994年颁布《会计电算化管理办法》《会计核算软件基本功能规范》，1996年又制定了《会计电算化工作规范》等系列文件，在制度管理、软件管理、替代手工记账管理等方面全面步入正轨，推动了我国会计电算化的稳定、健康发展。在此背景下，大批致力于为企事业单位服务或为行业服务的信息系统软件研发商，也在20世纪80年代末至90年代相继成立，如深圳金蝶、北京万能、重庆金算盘、成都管家婆、广州速达、山东浪潮、杭州新中大、珠海远光、江苏AC990、神州数码等。经过20世纪90年代末期的发展，到21世纪初我国会计电算化已基本普及。

二、财务业务一体信息化概述

20世纪70年代以大规模、超大规模集成电路为基本元件的第四代微型计算机的出现，使得计算机成为社会政治、经济各个领域不可或缺的一种日常工具。与此同时，1969年美国国防部下属的高级研究计划局所规划的ARPA分布式计算机网络的运行，催生了网络技术的发展，以后形成的各种内联网、国际互联网，成为信息社会的重要技术手段。在此种背景下，出现了财务会计信息化和业务管理信息化。

（一）财务会计信息化

西方发达国家在20世纪70年代末期，会计领域已普遍运用计算机技术、网络技术融合处理各种会计数据，如集成进行会计核算、工资与固定资产的信息化管理，提供各种与会计核算、资金流动有关的管理信息。1987年10月，国际会计师联合会在日本东京召开的以“计算机在会计中的应用”为中心议题的第13届世界会计师大会，是财务会计信息化普及的标志。

1999年4月，中国会计学会在深圳召开的“会计信息化理论专家座谈会”上，首次提出“会计信息化”一词。会计信息化是指当代电子信息技术在会计工作中的应用，从而实现对企业资金流与工作流的管理信息化。我国2009年全面推进会计信息化工作，标志着我国从替代手工记账的“会计电算化”时代进入了“会计信息化”时代。

（二）业务管理信息化

计算机技术、网络技术的广泛应用，也深刻地影响到了业务管理领域。比较典型的是物料需求计划（MRP）、销售自动化管理（SFA）、生产制造管理（PM）、客户关系管理（CRM）、供应链管理（SCM）等。西方发达国家在20世纪80年代基本上实现了对企业物流、工作流的业务管理信息化。我国经过20世纪末期的推广，部分企业在21世纪初逐步实现了业务管理信息化。

1．客户关系管理

在传统的管理方式下，掌握在营销人员、各业务部门的客户资料难以积累，更无法进行系统分析和有效使用，一旦企业关键的市场或营销人员离职，他们掌握的客户资料将随之而去。当今的竞争已经超越了企业与企业之间的竞争，成为客户关系网络之间的竞争，因此建立一个强有力的关系网络显得尤为重要。所谓关系网络是指客户、供应商、分销商、投资者、企业员工以及其他的合作伙伴。客户关系管理简称CRM，它是在市场竞争需求的背景下，在客户信用管理、销售自动化的基础上，运用互联网、电子商务、数据仓库和数据挖掘技术、手机电话集成技术和呼叫中心等一系列最新的信息技术，于20世纪80年代诞生的关系网络管理，它是互联网时代企业不可缺少的经营战略。

2．供应链管理

供应链管理简称SCM，主要是对企业的购货与付款循环、销售与收款循环、仓存循环等业务活动的信息化综合管理。它是围绕核心企业，在材料采购、产品销售过程中，将供应商、分销商、零售商直到最终用户连成有机整体，从而形成的网链管理模式。它是基于全球经济一体化、信息社会化、市场竞争日益激烈、客户需求不断变化的背景下，在20世纪80年代产生的一种新的企业经营与运作模式。

（三）财务业务一体管理信息化

由于财务会计信息化与业务管理信息化的相互独立，导致数据重复输入，必然形成各种“信息孤岛”，已越来越难以满足企业管理的需要。计算机网络技术的发展，为其互联互通提供了强大的技术支持。20世纪80年代末期，西方企业将财务会计与供应链、生产制造等集成，出现了财务业务一体化管理模式，并被广泛实施。

20世纪末期，我国财务业务一体信息化开始推广、实施，如用友公司1998年12月推出了用友UFERP-M8．0，金蝶公司1999年5月发布了金蝶K/3V8．0等财务业务一体信息化软件；其后，国有商业银行、部分大型企业也成功实施了业务财务一体信息化管理，但没有在企业中得到普遍推广、应用。我国2006年实施国家信息化发展战略（中共中央办公厅、国务院办公厅中办发〔2006〕11号），2009年财政部要求全面推进我国会计信息化工作（财会〔2009〕6号），2020年前的工作目标之一就是“基本实现大型企事业单位会计信息化与经营管理信息化融合”“建立健全会计信息化标准体系”等。财政部2010年发布了基于企业会计准则的可扩展商业报告语言（XBRL）通用分类标准。为实现财务业务一体信息化目标“数出一门、资源共享，便于不同信息使用者获取、分析和利用，进行投资和相关决策”，提供了一个技术标准。

企业财务业务一体信息化，是指利用当代电子信息技术将财务会计信息化与业务管理信息化集成，对企业物流、资金流、信息流和工作流的管理信息化。财务会计信息化侧重于资金价值流、工作流的管理，业务管理信息化侧重于物流、工作流的管理。业务管理就学校而言，主要是学生管理、教务管理、后勤管理等；就工商企业而言，主要是购货与付款循环、销售与收款循环、仓存循环等的供应链管理。财务与业务管理一体化、相互融合，产生的信息高度共享，从而实现对企业物流、资金流、信息流和工作流的信息化综合管理。

三、财务业务一体信息化的特征

从上述实证研究可见，企业财务业务一体信息化是企业管理信息化的核心内容，需要集成使用管理信息化软件的财务会计系统与供应链系统。

（一）财务会计系统

该系统主要由账务处理（或称总账）、薪资管理、固定资产管理、应付款管理、应收款管理、资金管理、会计报表等子系统组成，以总账、报表子系统为核心。该系统以记账凭证、固定资产卡片、收付款单、报表等作为信息化的管理手段，对企业的资金流、工作流实施信息化管理。

（二）供应链系统

该系统主要由采购管理、销售管理、库存管理、存货核算等业务子系统组成，以库存管理、存货核算为核心。该系统以原始单据作为信息化的管理手段，如购销发票、收付款单、出入库单等，对企业购货与付款循环、销售与收款循环、仓存循环等的物流、工作流实施信息化管理。

（三）系统集成

财务业务一体信息化的关键是业务单据在业务流程经过的各子系统之间自动生成，同时业务单据可以自动生成记账凭证，从而消除"信息孤岛"，实现对企业物流、资金流、信息流与工作流的信息化综合管理。比如，根据采购订单生成库存系统的采购入库单，根据采购入库单生成记账凭证，根据采购入库单生成采购发票，根据采购发票生成记账凭证，赊购发票计入应付明细账等。又如，根据销售订单生成库存系统的销售出库或发货单，根据销售出库单生成结转销售成本的记账凭证，根据销售发货单生成销售发票，根据销售发票生成记账凭证，赊销发票计入应收明细账等[①]。

四、财务业务一体信息化的数据传递

财务业务一体信息化必须集成使用财务会计与供应链的相关子系统，各子系统之间必然存在数据传递联系，即一个子系统的数据输出作为另外子系统的数据输入。通过数据传递联系，可了解数据的来龙去脉，合理组织数据流向，确定数据输入输出的先后顺序，防止重复存储和输入数据，设计子系统之间的数据接口，区分子系统的边界等。

（一）采购管理系统

该系统向库存管理系统传递入库数据，并可追踪库存信息；该系统向业务核算系统传递采购成本数据，并可追踪采购成本；该系统向应付款系统传递赊购应

① 周祖梁，唐耀祥．"互联网+"环境下财务业务一体信息化建设的探索与实践：以招商交科院为例［J］．交通财会，2019（9）：13-20.

付数据，并可追踪付款信息。

（二）库存管理系统

该系统接收采购管理系统和销售管理系统的出入库数据，进行审核，收、发货物，并可追踪采购、销售信息；该系统向业务核算系统传递已处理的出入库数据，并可追踪采购、销售成本信息。

（三）销售管理系统

该系统向库存管理系统传递发货数据，并追踪可供销售的存量；该系统向业务核算系统传递销售出库数据，并可追踪销售成本信息；该系统为应收款管理系统提供赊销应收数据，并可追踪收款信息。

（四）业务核算系统

该系统是供应链系统与财务会计系统联结的纽带，它接收采购管理、销售管理、库存管理系统传递的出入库数据，再回传相关的存货成本数据；该系统生成记账凭证，向总账系统传递数据，并可追踪凭证信息。

有的软件没有业务核算（也称存货核算）系统，比如用友U9将供应链中的数据传递到往来管理中生成记账凭证。又如速达、神州数码、AC990等软件，将供应链中的数据直接传递到总账系统的“凭证模板”中生成记账凭证。但这些软件有一定的功能欠缺，如工业企业可能无法将原材料的采购运费分配计入采购成本等。

（五）应收款系统

该系统接收销售管理系统的销售数据，进行收款结算处理，生成凭证后向总账系统传递凭证，并可追踪凭证信息；该系统和应付款管理系统之间可以进行转账处理，生成的凭证也应传递到总账系统。

（六）应付款系统

该系统接收采购管理系统的采购数据，进行付款结算处理，生成凭证后向总账系统传递凭证，并可追踪凭证信息；该系统和应收款管理系统之间可以进行转账处理，生成的凭证也应传递到总账系统。

（七）薪资管理系统

该系统向总账系统传递职工工资、福利费、工会经费、养老保险金、住房公积金等的计提分摊的凭证，并可追踪凭证信息。

（八）固定资产管理系统

该系统将增加、减少固定资产和计提折旧等有关数据，通过记账凭证的形式传递到账务系统，并可追踪凭证信息。

（九）账务处理（总账）系统

该系统接收应收款、应付款、业务核算、固定资产、工资等系统生成的凭证，并向这些系统反馈凭证信息，向报表系统提供财务数据。

（十）电子报表系统

电子报表系统从账务、薪资、固定资产、应收、应付、采购、销售、库存、业务核算等子系统中提取数据，编制所需的财务、业务报表。

第二节　财务系统管理的信息化

企业开展财务管理信息化日常工作之前必须进行财务系统管理的信息化。财务系统管理信息化的主要内容有以下几个方面。

一、确定企业管理信息化解决方案

企业管理信息化能使各级管理人员随时掌握企业的各种资源流（物流、资金流、信息流和工作流），及时做出决策。但它是一个庞大的系统工程，实施前必须进行全面规划，确定信息化运行的解决方案。企业信息化解决方案，就使用子系统的范围而言，大体可分为会计电算化、财务业务一体信息化、管理信息化解决方案。

（一）会计电算化解决方案

会计电算化解决方案，只启用财务会计系统，基本构成为总账与出纳管理、往来管理、报表子系统，工资、固定资产、财务分析等为其扩展子系统，总账系统必须启用，适用于中型、小型企业进行会计核算或财务管理的信息化建设。具体运行方式如下。

在总账（或账务处理）、工资、出纳管理子系统完成日常会计核算、财务管理，在报表系统编制财务会计报告。

往来管理业务不多的企业，可以使用总账系统提供的往来核算辅助功能进行往来财务管理，以便进行往来账龄与结构分析、往来对账单的输出等。往来业务频繁、需要进行详细和严格的往来管理的企业，可进行往来业务管理，即将应收、应付子系统与总账子系统集成运行。这种模式下应进行往来业务原始单据的管理，如购销发票、收付款单、预收预付单等，同时还可进行客户关系（CRM）、供应商关系的管理。

在固定资产管理子系统中进行固定资产的日常管理及计提折旧，在财务分析系统中进行收入、成本费用等的预算、分析与考评。

（二）财务业务一体信息化解决方案

财务业务一体信息化解决方案是启用财务会计、供应链系统，基本构成为总账、工资、出纳、往来、报表、采购、销售、库存、业务（存货）核算等子系统，成本管理、POS（零售）等作为扩展子系统，总账、往来、存货核算子系统必须启用。它适用于大型、中型企业进行会计核算、财务管理和物流管理的信息化建设。

具体运行方式是：在财务会计系统进行会计核算与财务管理；在采购、销售、库存子系统进行业务经营管理；制造企业还可启用成本管理系统，超市、商场还可启用POS系统，进行业务管理；在业务（存货）核算系统中进行“物流”的核算，并将相关数据传递到总账系统。它使财会系统与业务系统集成运行，消除“信息孤岛”的现象①。

（三）管理信息化解决方案

管理信息化（MIS）解决方案，启用财务会计、供应链（SCM）、生产制造、人力资源、决策支持、集团管理、战略管理（SEM）等系统。它适用于大型、特大型企业全方位进行企业资源流的整合、重建，一般使用ERP等大型管理信息系统软件。

二、信息系统运行软件的配置

财务管理信息系统软件的运行，要进行操作系统、数据库管理系统和信息系统软件的配置与安装。如果联网运行，应区分服务器、客户端分别安装。

（一）信息系统软件的配置

企业应根据信息化解决方案，通过购买商品化软件、定点开发、定点开发与商品化软件相结合等方式选择相应的管理信息系统软件。

商品化软件是由软件开发商研发的、经过有关部门评审后用于在市场上销售的软件。其特点是内置较少的核算规则与管理方法，可以自行选择会计政策、设定核算与业务规则等，通用性较强。企业付款购买后即可获得软件的使用、培训、升级、维护承诺等服务，但其初始化工作量大，难以兼顾企业个性化核算与管理的要求；同时商品化软件不提供源程序代码和设计技术资料，实施单位只能使用，不能自行修改、维护。商品化软件的基本功能大体相同，但在可操作性、实用性方面差异较大。企业真正需要的是软件功能的稳定、易用，故此，购买时应特别关注软件的实用性、可操作性和稳定性。

定点开发软件也称为专用软件，是指企业针对自身的核算和管理特点，以自行开发、委托他人开发或合作开发等方式所研制的软件，如我国大型商业银行使用的软件等。它的特点是立足实施单位核算与管理特点，将核算规则与管理方法直接固化在程序中，初始化工作量小、使用方便；但其灵活性较差，一旦核算与管理方法变动需要及时修改源程序。

① 郑梅青. 大数据环境下企业财务管理信息系统的应用研究［J］. 财会学习，2021（17）：1–3.

（二）选择服务器操作系统

计算机网络服务器，一般可分为数据库服务器、Web服务器、应用服务器、通信服务器等。服务器的操作系统通常可在Windows、Unix和Novell Netware这三种网络操作系统间进行选择。相对而言，Windows的安装、维护和管理比较简单，不限制各种流行软件的应用，一般不选用没有服务器（Server）功能的Windows系统。

（三）选择客户端（工作站）操作系统

网络客户端操作系统，主要是依据信息系统软件对运行平台的要求确定，一般应选择Windows XP以上的操作系统。

（四）选择浏览器软件

如果企业选择了运行于广域网的B/S结构的信息系统软件，还要选择Web浏览器软件，如微软的IE、网景的Navigator或360浏览器等。如果客户端运行Windows操作系统，则优选IE；如果客户端有多种操作系统，可选择Navigator。

（五）选择数据库管理系统

数据库管理系统（DBMS）主要在SQL、Oracle、DB2、Sybase、Informix、Access、FoxPro等产品之间选择，并受所购买的信息系统软件的限制。如"用友财务及企业管理软件UFERP-M8．11"使用的是Access，安易账务集成系统使用的是Foxpro，"速达5000"使用的是InterBase，"用友ERP-U8""金蝶K/3ERP""金算盘eERP"等软件使用的是Microsoft SQL Server或Oracle等。

三、系统权限管理

由于管理信息系统的操作员较多，必须对操作员（用户）进行管理；有的信息系统（如ERP系统）还将操作员分类进行角色管理（分组管理），如分为领导查询组、业务操作组、会计核算组等。为了保证系统及数据的安全与保密，避免与业务无关的人员进入系统，各负其责又协调地运行各个子系统，应对软件的开机、登录与操作等权限进行管理。

（一）操作系统开机权限的管理

管理信息系统一般在内联网（Intranet）或互联网（Internet）上联网运行，因此应对所有联网的服务器、客户端的计算机操作系统的系统管理员（如Ad-ministrator）、系统用户（如User等）进行密码设置，没有密码无法开启计算机。

（二）数据登录权限的管理

数据登录权限是指操作员的计算机登录与注册到信息系统的权限，它由数据库管理系统中的超级用户许可。我国现在的信息系统软件普遍使用MS SQL Server，在安装时要注意登录权限的设置，在系统正式运行后还要经常进行登录情况的监控。

在安装MS SQL时有一项重要的设置，就是选择“身份验证模式”，为保证数据库的安全，应选择“混合模式”，并设置超级用户SA的密码。这样，在信息系统服务器上，必须用开机密码启动计算机；开启了服务器后还要有超级用户SA的密码才能向数据库管理系统（可以是另一台计算机）注册，注册成功后服务器上才能运行信息系统软件。同样地，客户端也必须用开机密码打开计算机，然后向信息系统服务器（不能直接向数据库管理系统）注册，注册成功后才能进行信息系统软件的操作。以上数据登录权限设置是一次性的，也就是说只要第一次登录成功，除了修改超级用户SA的口令外，以后不必再重新登录。

为了控制不相关的计算机登录服务器，或SA的密码失窃等，必须进行MS SQL超级用户SA口令的修改。修改方法是，在安装数据库管理系统的计算机中，选择“开始/程序/Microsoft SQLServer/企业管理器”进入“控制台根目录”窗口；展开并选定左部“SQL Server组/Local/安全性”中的“登录”选项，双击右部的“SA”（或右击选择“属性”命令）进入“登录属性-sa”界面；在属性界面的“常规”页签中，修改超级用户的密码；然后重新启动服务器即可。修改SA密码后，信息系统服务器、客户端都必须用新口令重新登录、注册，才能进行相应的操作。

（三）信息系统操作员的管理

安装信息系统软件时，需要直接选择或指定一名信息系统（不是操作系统）的系统管理员；实施信息系统时，必须建立相应的账套，每个账套必须要有账套主管，它由系统管理员指定（个别软件在安装系统时确定账套主管，或由数据库管理系统的超级用户代替）。

一个账套由多个子系统或功能模块构成，必须要有相关的操作员。操作员也称用户，是指有权登录并使用管理信息系统的人员。有的信息系统（如用友ERP等），系统管理员、账套主管均可进行操作员的管理；有的信息系统（如金蝶K/3等），只能由账套主管进行操作员管理；有的信息系统（如速达E3等），只能由系统管理员进行操作员的管理。操作员管理包括对操作员的增加、修改和删除等；操作员编号是系统内区分不同操作人员的唯一标识；操作员密码（也称口令）是登录系统的通行证，对系统的安全与保密具有重大的作用，初始口令由管理者设置，操作员在登录系统后一般均可进行修改。

（四）信息系统操作权限的管理

信息系统的系统管理员对整个系统具有控制和维护、指定或取消账套主管的权限；很多信息系统（如金蝶、速达等）的管理员，拥有该信息系统所有权限；有的信息系统（如用友ERP等）的管理员，没有财务或业务日常数据处理权，账套主管拥有所辖账套的一切权限（不必授权）。系统管理员和账套主管能否管理操作员，决定了他们能否对操作员进行授权。

信息系统进行操作权限分类（功能权限）管理，每类权限进一步划分各项明细权限。既可将某类权限快速授予操作员；也可进行详细授权，即进行明细权限的逐项授予。

设置操作员权限是从内部控制的角度出发，对系统操作人员进行严格的岗位分工、严密的授权管理，严禁越权操作，保证系统使用的安全性。管理信息系统已按照现代企业管理的要求，提供了各种需要进行内部牵制、不相容职务分离的操作岗位与权限。健全有效的内部控制制度、严密的操作规程、企业资源流的充分利用、管理水平的提高，在很大程度上依赖于授权与操作规程的管理。授权管理、操作规程的重新整合，涉及企业管理体制与机制的调整、机构人员的重新定位、权限的重新“瓜分”、利益的重新分配、人员观念的更新等各个层面，所以实施管理信息系统是“一把手工程”，必须要有企业最高决策者或管理者的重视、支持和参与。

四、信息系统的账套管理

账套是根据企业管理的需要，在信息系统中建立的一组相互关联的数据，它是完整反映和监督企业经济活动的电子数据体系。每个企业可以根据管理的需要建立多个账套，各账套数据之间相互独立、互不影响，使企业资源流（物流、资金流、信息流和工作流）得以最大限度地利用。账套管理一般包括建立账套、修改账套、删除账套、引入及输出账套等，它由系统管理员或账套主管负责。金蝶K/3等软件规定，账套主管不能新建账套。

（一）建立账套

建立账套简称建账，主要是在系统中建立企业的基本信息、核算与管理方法、编码规则等，它是企业应用管理信息系统的开端。建账采用向导方式进行操作，其中，账套号是区分不同账套数据的唯一标识；账套路径是账套的数据库在计算机中的存放位置；启用日期是企业管理信息化进行业务处理的起点。建账也可能需要设置某些公共参数，如会计期间、小数位数、编码方案、启用哪些子系统等。这些设置将影响到信息系统功能的发挥，所以，必须根据企业实际情况谨慎选择。

（二）维护账套

1. 修改账套

新建账套后，可进行相关账套参数的查询，若参数设置不当可进行修改。但账套号、启用期间、账套路径等标志性参数将无法修改。

2. 备份账套

为保证账套数据的完整性，在系统遭受破坏时尽快恢复，或为了母子公司管理、档案管理的需要等，可定期将账套进行备份，即将系统产生的数据备份到硬盘、软盘、U盘或光盘等磁性存储介质中。

3. 引入账套

由于管理的需要，子公司的账套数据需定期被引入母公司系统中；或由于计算机故障、病毒侵犯、操作不当等，可能使系统数据受损。这时应利用账套引入（有的软件称为账套恢复）功能，将备份的数据引入信息系统中。

4. 删除账套

多余或数据错误多的账套、不需要保留的以前账套，可以进行删除。有的信息系统软件只能进行账套的物理删除，如用友软件是将账套从系统中彻底删除，即清除该账套的所有数据。由于是彻底删除，系统要求进行强制备份，所以用友软件将账套备份、账套删除合称为账套输出。

有的信息系统软件既可进行物理删除也可进行逻辑删除。如速达软件删除账套时，将所删除的账套放入“账套回收站”中；金蝶软件删除时，采用的是账套注销功能。它们都是账套的逻辑删除，只是取消了账套的显示与操作，但其数据库并没有从系统中删除。之后还可通过引入功能，恢复账套的显示与操作。要彻底删除账套，应进行物理删除，速达软件在账套回收站中进行；金蝶软件应找到新建账套的“账套路径”，删除相应的数据库文件。

5. 年度账的管理

持续经营、会计分期假设决定了每个账套中均有若干的年度账。年度账的管理一般包括年末结账、新年度建账和以前年度账的引入、输出、查询等。有的软件还提供了清空年度数据的功能（如用友UFERP-M8.11等）。

随着大型数据库管理系统的广泛运用，现行的管理软件已逐步淡化了年度账的管理，所以，用友U8V10后的版本，已将年度账改为账套库菜单。

五、建立信息系统安全运行机制

实施管理信息系统必须要建立强有力的安全保障机制，使系统运行稳定、数据安全。建立安全机制应从硬件安全（如机房建设、数据备份）、网络安全（如访问控制、身份识别、病毒入侵、安全监测等）、管理安全（如组织机构、人员、工作流程、技术资料管理）等方面入手。

管理信息系统软件提供的安全措施，除了进行系统权限管理（系统管理员、账套主管、数据库超级用户）、数据备份等外，还有监控系统运行、清除异常任务与安全策略等。

监控系统主要是由信息系统管理员进行用户登录查询、上机日志查询等。在系统管理中，能够及时查看登录用户或网络用户的上机时间、所登录的子系统、相关的操作情况；能随时对操作员上机情况进行登记，形成上机日志。

异常中断、死机、网络阻断等都有可能造成信息系统的互斥操作或系统异常，应及时进行异常任务或网络异常的清除，以释放系统资源、恢复系统正常秩序。

第三节　财务系统的初始信息化

系统初始化工作对管理信息系统的正常稳定运行、功能的正常发挥，起着十分重大的作用；对初始化设计者的素质要求很高，如对信息系统软件的各种功能、实施单位的基本情况、业务经营活动等，都要有全面的了解。

系统初始化是指根据本单位的业务经营性质，充分考虑会计核算、业务经营、财务与行政管理的具体要求，在实施管理信息化之初建立的应用环境和录入的基础数据。

一、初始数据的准备与收集

（一）本单位基础数据

这类数据主要收集本单位机构情况，包括地址、电话、职员及负责人，生产、经营、管理的部门及各部门负责人。本单位职员情况，包括姓名、性别、文化程度、职务、类别、联系方式及其他相关情况。为了加强人力资源管理，有的软件对职员的设置指标达到70项以上，所以，应尽量详细。在信息化过程中，所有的系统均会用到机构（部门）、人员信息。

（二）往来单位基础数据

传统的往来单位管理模式下，企业的客户、供应商资料由各业务部门或人员掌握，很难积累资料、系统分析、有效利用；企业关键的营销人员一旦离职，所有的资料将随之而去。故此，必须加强客户关系、供应商关系管理，建立详细的档案资料。这些资料包括往来单位名称、简称、地址、所在区域、行业、纳税登记号、开户银行及账号、联系人、联系方式、信用等级等。很多软件对往来单位的档案资料的设置都超过60项指标。

（三）购销存基础档案

1. 业务情况

为了加强物流管理，应了解企业的业务经营范围、采购类型、销售类型、生产组织方式、收发货类型、收发货地点、交货方式、信用政策、结算方式、购销中的经营费用、支出、代垫款、合理与非合理损耗、保管存货的仓库、门店数据（如地址、电话、保管员）等。

2. 存货档案

存货档案主要包括存货的规格名称、计量单位及辅助计量单位，存货属性（如销售、外购、自制、耗用等）、计价方法，是否有保质期管理、分类管理、成套件管理、批量管理、货位管理等要求。有的软件对存货的设置指标达 70 余项。

需要注意的是，速达5000等软件，对发出货物的计价方法只能选个别计价法、移动平均法、全月加权平均法、售价（POS）法，不能用先进先出法、计划成本法等计价方法进行核算。

3. 产品结构（BOM）数据

产品结构数据包括生产的产品所消耗的各种物料、消耗定额工艺流程、生产车间或工序、产品的技术经济指标等。

（四）财务基础数据与期初数据

财务基础数据主要是财务会计核算流程与控制要求，会计科目的设置与核算要求，记账凭证与账簿组织，固定资产类别、增减方式、使用状况、折旧方法，工资项目与发放方式，银行现金、支票管理要求等。

业务、财务系统的各种初始数据，包括发生数及余额，有特别核算要求的，还需要数量、单价、汇率、发生时间、票号、经办人员等详细信息。

（五）规划编码方案

1. 数据编码的作用

管理信息化中必须要有一套科学的数据标识体系，以及一套与之相应的编码方案。它对于提高信息化中的输入效率和处理效率，输出详细、完整的数据资料，有着极为重要的现实意义。数据标识编码是初始设置中的规划重点，也是系统运行的关键节点。如某超市有近万个品种的存货，在18个经营部，分A、B、C等21类营销；则对存货可用群码方式进行设计，编码长度可设置为7位或8位；对第3经营部B类的第651号存货（数据标识）可编码为“03B0651”等，这就是“2–1–4”（级长为3级7位）的群码方案。

数据标识的编码在整个系统中运行和使用，所以有的软件（如用友软件）还将其作为公用基础档案管理。数据标识编码可以简化数据的表现形式，以利于数据的输入、储存、加工处理和传输；通过有规则的编码方式，可使计算机根据代码判断它所代表的数据属性，如类型、级别等，以利于计算机对数据的分类、汇总。

2. 数据编码的特点

首先，数据标识编码要具有相对的稳定性，一旦代码的长度或编码方式发生变化，将对整个系统影响非常广大，不适宜经常变更编码方案和编码长度。

其次，数据标识编码要有扩展性，企业经济活动处于不断的发展变化之中，数据标识必然发生增减变化，编码方案应有可扩展性，在一定时期内，在不改变原有编码体系的条件下，可顺利增加新的数据标识。

再次，编码体系要体现数据标识之间的层次关系，一般设计为树形结构的群码方式，当下级数据标识的数据发生变化时，能自动根据这种层次关系更新上级的数据资料。

最后，数据编码不宜过长，否则对记忆、输入、使用都非常不方便。根据研究表明，编码长度与输入出错率有很大的关系，编码越长出错率越高，长度在8位以下时这种关系不明显，超过8位则出错率大幅度上升，所以编码长度应在8位或8位以内为宜。

二、公用档案的设置

管理信息化的所有子系统，均要使用部门、职员资料，这两项是基础性、公用性的档案资料。应首先建立部门、职员字（词）典，其中部门、职员代码很重要。有的软件还将数据精度、编码方案等作为公用档案进行管理（如用友软件）。

职工个人代码应能满足分类汇总的需要，要有层次性，还要能方便地进行扩充与调整。它通常是由职工所属部门编码、工作性质编码和个人顺序码组合而成的群码。部门编码的主要作用是区分单位内各部门的名称，以便分部门管理；工作性质编码的主要作用是按工作性质和工作岗位对职工进行分类管理，同时还用于工资费用的分配等。

三、财务会计系统初始化

（一）总账系统初始化

1. 结算方式与币别设置

设置结算方式的编码、名称、是否票据管理，有的还要设置缺省入账的科目等。有外币业务时，还应设置外币名称、编码、单位、折算方式、汇率等。

2. 会计科目设置

这是总账系统规划设计的重点与核心，它是工作量大、设置最复杂的工作，稍有失误就会影响核算工作的正常进行。一般而言，管理信息系统都预设了一级科目，只需引入或直接使用。因此，各科目的核算要求及明细科目的设置是主要内容，至关重要的是科目编码与辅助核算的设置。

（1）会计信息化中的科目编码非常重要，利用科目编码反映科目之间的逻辑关系，便于计算机识别、减少凭证输入的工作量。有的软件提供不定长的科目编码方案，如金蝶KIS、金蝶K/3的编码方案是各级科目之间用小数点分隔，金算盘的编码方案是各级科目之间用“–”分隔等。很多软件均是定长的编码方案，如用友、速达等软件的编码方案。科目编码应按群码的方式进行科目全码的编制，即每个科目的编码，都是其全部上级科目加本级科目的所有编码的组合码。各级科目编码必须唯一；必须按先上级后下级的次序建立；一级科目编码必须符合会计制度规定；编码体系要有扩展性。

（2）辅助核算是总账系统参与企业管理的重要手段，用于说明某科目除了总账、明细账核算以外的其他的核算要求。这些辅助核算的设置主要包括客户往来、供应商往来、个人往来、部门、自定义核算项目、存货、仓库、现金流量核算，数量与外币核算，以及日记账、结算方式、支票、预算管理等。

3．凭证设置

管理信息系统通常提供五种常用的凭证分类方式供选择，包括记账凭证，收款、付款、转账凭证，现金、银行、转账凭证，现金收款、现金付款、银行收款、银行付款、转账凭证，自定义凭证。

某些类别的凭证在制单时，可能对科目有一定限制，通常有五种限制类型供选择，即借方必有（借方至少有一个限制科目有发生额），贷方必有（贷方至少有一个限制科目有发生额），凭证必有（无论借方还是贷方至少有一个限制科目有发生额），凭证必无（无论借方还是贷方不可有一个限制科目有发生额），无限制（可使用所有合法的科目）。

4．期初余额录入

在初次使用账务处理子系统时，应将经过整理的手工账目的期初余额录入信息系统中；如果是年中启用账务处理子系统，应先将各账户期初余额、借贷方累计发生额，作为启用系统的初始数据录入到账务处理子系统中，系统自动计算年初余额；如果企业是在年初建账，或不反映启用日期以前的发生额，期初余额即为年初余额。

在录入期初余额时，设置为辅助核算的科目的期初数据，由辅助账的期初明细汇总而来，不能直接输入，一般在专门的窗口中录入。其他系统受控的存货、往来、银行存款未达账等科目，在相应的系统中录入，并通过“推入”的方式填入总账（账务处理）系统，如金蝶K/3等；也有的软件为了进行数据验证，要求数据重复录入，如用友U8等。

期初余额录入完毕后，还应进行试算平衡、对账；有的软件还要求进行子系统的启用，如用友UFERP-M8、金蝶KIS等。

（二）薪资系统初始化

管理信息化中，工资可在工资系统，或人力资源系统中进行管理，还可在工资系统的基础上增加数据词典文件，如年龄、学历、技术等级、职务职称等，在人事工资系统中进行管理。工资系统的职工姓名、编码、标准工资等每月固定不变的数据，可在系统中长期跨年保存；每月变动的数据，如考勤、产量、工时、奖金等数据需及时进行修改。这两类数据在数据库中一般分开存储和处理。

薪资系统的初始化比较简单，主要是工资类别管理、引入并修改部门、职员档案；设置工资项目（有固定与变动项目之分），设置计算公式，设置个人所得税扣缴标准；确定工资发放方式等。但若进行知识链（人力资源）管理，则必须进行全面规划与设置。

（三）固定资产系统初始化

固定资产使用期限长、价值高、规格复杂多样、地点分散，所以采用卡片的方式进行管理。固定资产系统的初始设置主要包括进行资产类别定义、折旧方法定义、卡片设置、期初数据（原值、折旧值、减值准备等）录入等。初始设置中最主要的是固定资产代码的设计和固定资产卡片数据的录入。

固定资产代码是唯一区分各项固定资产的标识，在计算机处理中用以标识每项固定资产。固定资产的代码采用群码方式，可由使用状况码、类别码、部门码和顺序码等组成。

四、供应链系统初始化

供应链信息化包括对企业货物采购到货物销售给客户的全部物流、资金流、信息流和工作流的管理。在该系统中采购是物流的起点，销售是物流的终点，库存（仓存）是物流管理的核心，存货核算是消除供应链系统与其他系统之间的“信息孤岛”的关键。

（一）供应链系统的运行特点

1. 以原始单据为管理手段

由于“物流”的业务频繁、流转程序复杂、信息量大，同时货物控制措施的严密性、物流信息及时性等要求，在管理信息系统中，均采用与业务经营流程完全相同的方式进行业务活动的管理，即原始单据的管理。在供应链中采购货物要录入采购发票，销售货物要录入销售发票，发出商品要录入出库单等。

实施管理信息化后，物流系统的有些原始单据可以代替企业实际工作中的相关单据，如采购入库单、商品调拨单等，这些单据在系统内流转后打印输出，然后履行相应的签字手续，即可作为业务经营和会计核算的原始凭证，按规定作为会计档案进行保管。

但由于管理信息系统的“虚拟性”，以及法规方面的限制性等，有的机内原始单据不能作为会计核算的依据。如采购订单、销售报价单等不是会计核算的原始凭证，只能作为原始凭证的附件。又如，我国税法规定开给客户的发票，只能使用税务机关提供的发票手工填制，或使用税务机关规定的专用软件及设备打印发票，如航天金税系统等。所以销售系统中的专用发票属于发票准开单，仅供作为手工或专用软件系统开具发票的依据，不能将其打印后作为会计核算的原始凭证。同样地，机内采购专用发票也不能作为会计核算、进项税额的抵扣依据，打印输出后也不能作为会计档案保管。

2．信息共享

供应链中各种单据与基础资料和管理资料之间，形成了一个全面、严密的信息网，不断传递和接收各种业务信息；单据在业务流程的控制下产生与流转，业务信息得以严格的控制；每次信息的输入都能在系统内多处共享，同时信息之间的相互钩稽审核，可以保证信息的正确性，减少人为错误；信息管理工作，可以重点抓住数据输入这一信息源头以及业务流程中的关键节点；整个系统充分体现出“操作有规程、处处有管理、事事有预见、事中有控制、事后有分析”的现代企业管理模式。可通过引入引出功能与外部系统进行信息交换，如将机内销售发票通过数据交换接口与航天金税系统链接，打印正式的增值税专用发票，作为会计核算的依据，以及向客户提供购货发票并作为其进项税额的抵扣依据。

3．系统高度集成

供应链中采购、销售、库存系统能够独立运行，也能有机结合应用，使各系统间紧密融合；通过存货核算系统与总账、往来、成本管理等各系统进行单据传递，实现系统的无缝链接（有的软件通过总账系统的“凭证模板”实现链接）。

4．系统功能

供应链的基本功能可归纳为存货核算与业务管理两项，主要体现为客户、供应商的往来管理与核算，采购、销售、库存业务的管理与核算等。

供应链初始设置的业务管理功能，体现在单据设计与流程设计上。管理信息系统提供各类单据的字段，包括了各类业务活动的大部分信息，能满足业务管理的共性需要；同时方便灵活的单据自定义设置，可适应企业的特殊需要。信息系统按先进灵活的设计理念，提供了科学规范的业务流程，企业按这些流程操作一般都能产生强大的管理功效。为适应纷繁复杂的业务活动，企业可进行业务流程的自定义设置，“再造”业务流程。

供应链的存货核算包括业务核算与财务核算两项功能。工业企业采购发票、运费发票、途中合理损耗等金额应计入采购成本，但填制采购入库单时可能无法确定采购入库成本；发出货物可使用先进先出、加权平均等方法计算出库成本，但填制出库单时这些成本可能无法或暂时不能录入等。故此必须通过业务核算确定相应的金额，以利于将这些信息在供应链内部传递，并向总账、成本管理等系统输送信息。

供应链财务核算的要求是生成记账凭证。总账系统实现会计核算、进行会计监督的关键手段是记账凭证。供应链中的业务信息，必须转换为总账系统能识别的会计分录信息，才能保证系统的高效运行与无缝链接，这种链接的实现由系统的凭证模板、缺省科目设置来完成。通过预先定义各类经济业务相应的缺省科目或会计分录及金额来源等，作为生成凭证的关键数据保存；业务发生后可在人工的控制下，自动生成相应的记账凭证。自动生成凭证除了实现信息传递外，还可大大减少核算工作量，如系统可在瞬时编制完成某超市一天的5000张销售发票确认收入的凭证，但可能需要会计人员几个小时的工作才能完成手工凭证的编制。不少会计软件均预设了大量的凭证模板，如金蝶K/3等，只需进行简单的修改，即可形成具有本单位特点的模板凭证；也有的软件通过设置缺省科目来自动生成凭证，如用友软件等。

（二）静态基础资料的设置

供应链静态基础资料主要是业务范围与控制参数的设置，客户、供应商、仓库、存货档案的建立，坏账核算方法、账龄区间的设置，业务活动方式的设置，系统控制科目、缺省科目的设置等。

一般而言，将应收账款、预收账款、应付账款、预付账款等科目作为往来管理系统的控制科目。有的软件还将坏账准备、应收应付票据等作为其控制科目。

将原材料、库存商品、材料成本差异等存货科目作为存货核算系统的控制科目，将生产成本作为成本管理系统的控制科目。有的软件还将材料采购作为采购系统的控制科目，将主营业务收入作为销售系统的控制科目。还可对销项税额、进项税额、结算方式、销售收入、销售成本、采购成本等，指定缺省科目。

指定缺省科目，是提高工作效率、自动生成凭证的需要，生成凭证后一般还可修改（有的软件不能修改）。控制科目不同于指定科目，控制科目是为了管理的需要，保证各系统数据的一致性与协调运行，一般具有排他性。[①]

（三）前期动态数据的录入

录入前期业务流转未终结的数据时，一般用发票或应收应付单录入供应商、客户往来余额及发生日期，用采购发票录入期初单到货未到的物料，用采购入库单录入期初货到单未到、受托代销的商品，用出库单录入期初发出未开票的销售商品、委托代销的商品等。

录入前期物流结果数据，一般均是直接录入库存商品、原材料、材料成本差异等物流的“沉淀”数据（期初结存），不用原始单据。

（四）凭证模板的设置

供应链中的各类原始单据，都必须进行凭证模板或缺省科目的设置，以实现物流与资金流的一体化应用。系统对应该生成凭证的各类原始单据有列表提示，按会计制度进行会计分录设置即可。有的软件还有预设模板、缺省模板，可做修改利用。

① 胡茂．关于业财融合的新型财务信息化系统构建思考［J］．财会学习，2021（19）：4-6.

第三章　财务会计管理信息化

第一节　账务处理信息化

以电子计算机为主的现代信息技术充分应用于会计工作后，对传统会计实务产生了深刻影响。会计信息的处理工具由算盘发展到键盘，会计信息的载体从纸张发展到磁盘文件，会计信息的处理与传输呈现出高度自动化、电子化、无纸化和实时化的特点，并促使以簿记为主的传统会计组织发生根本性改变。针对会计信息化的新特点，在新的账务处理系统中应该采取新的措施。

一、会计信息化中账务处理程序的新特点

（一）数据取得途径多元化

会计信息化中除了传统的数据由输入人员通过键盘、扫描仪等设备输入之外，在信息化的账务处理系统中还可以由更多的方式取得。比如，可以由其他子系统转入或由账务系统通过自动转账生成。

（二）数据存储体系虚拟化

账簿作为存放经分类汇总的会计数据的载体，是一个承前启后、不可缺少的桥梁与纽带。手工会计离开账簿，其会计报表的编制便成了无本之木、无源之水。簿籍只是账簿的外表形式，账簿的内容则是账户记录。账户就是对会计数据进行分类、归集而设置的单元。在电算化系统中，会计信息的生成仍然离不开账户这样最基本的存储单元，但账户的存储并不一定要借助于账簿来完成。信息技

术的运用使账户记录与纸介质呈现出分离的趋势，纸介质不再作为账户分类和汇总数据的唯一载体。实践已经证明，在磁、电、光等介质保存会计数据可靠性得以保证的前提下，人们需要的各种核算资料尽可通过调用这些介质上的数据库文件并加以显示，完全不必使用纸张作为账户记录的载体。既然账户记录可以完全与纸张分离，手工会计中关于账簿的定义就不存在了。电算化系统中的账簿实际是“虚”的。所谓“虚”是指磁盘上一般并不存在账，更不是一个手工账对应一个磁盘文件。账簿上反映的数据不外有两类，一类是发生额，另一类是余额。作为记账对象的发生额数据，来自记账凭证；而作为记账结果的期末（或期初）余额数据，则是在账簿被登记之后形成的。账簿记录只不过是记账凭证上账户记录的分类、汇总罢了。由于计算机具有强大、快速的数据处理功能，它对记账凭证库文件的分类、汇总不过是举手之劳。而对于账户余额，只要保证系统初始化时输入的初始余额数据正确无误，以后各个会计期的期末余额也就唾手可得了。电算化系统中的账是凭证库文件及相关数据（主要是各会计账户的期初余额数据）自动、准确无误地生成的。理论上，保留了凭证库文件及相关数据，也就保证了账簿的存在①。

（三）记账过程虚拟化

电算化系统中的记账过程也是一个“虚”过程。因为并没有生成实际的账。“记账”就是将凭证库文件中审核通过的记账凭证做上“过账”标识或者另外形成一个账后凭证库文件，表明该记账凭证已入账，不允许再对其修改。如果有错误，只能采用类似于手工会计下的红字冲销法，通过输入“更正凭证”予以纠正。在电算化系统中，记账环节完全可以取消，即平时不登记日报账、明细账及总账，只将记账凭证保存在一起，在需要时再采用瞬间成账的做法，即根据科目余额库文件的期初余额数据和记账凭证库文件的科目发生额数据，当即形成所需的“账簿”并予以输出。同时，这种瞬间成账的方式也使会计报表瞬间形成成为可能。至于很多会计软件所提供的记账模块功能，主要是为了满足会计人员的习惯，即只有先记账才能查询和打印。

---

① 胡茂. 关于业财融合的新型财务信息化系统构建思考［J］. 财会学习，2021（19）：4-6.

（四）证账表数据一致化

在手工会计中，分类账分为总分类账（总账）和明细分类账（明细账）。登记的原则是平行登记，即把来源于记账凭证的信息一方面记入有关总账账户，同时，还要记入该总账所属的有关明细账账户，并通过定期对账来检查和纠正总账或明细账中可能出现的记录错误。这种通过低效率的多重反映和相互稽核来换取数据处理的正确性与可靠性是手工账务处理程序的一个重要特征。然而，对账是设置账簿的产物。如果没有设置账簿，也就无所谓账证、账账、账表之间的核对了。计算机本身是不会发生遗漏、重复及计算错误的。只要会计软件的程序正确且运行正常，账证、账账一定是相符的；只要报表公式定义正确，账表也一定相符。这样，手工会计下的对账环节不复存在了。事实上，计算机对来源于记账凭证中的信息不再重复处理。而分类账也没有必要明确地区分为总账和明细账。当然，这并不排除会计软件中设置类似于总账和明细账的数据存储结构，但这样的总账和明细账之间并不存在统驭与被统驭的关系，其目的只是加快信息检索的速度。

（五）数据处理一体化

手工会计的账务处理流程，简单地说，就是凭证—账簿—报表，会计人员的工作重点是在填制凭证以后的阶段。要形成会计报表，必须经过填制凭证、过账、结账、试算平衡、对账等诸多程序。从编制原始凭证、记账凭证到登账、结账、编制会计报表，要经过很多人的手工才能完成，增加了数据处理差错的可能性。而计算机则不同，数据一旦进入系统，记账、对账、汇总编制会计报表等，都是在一个一体化处理过程中。在电算化系统中，整个账务处理流程分为输入、处理、输出三个环节。先将分散于手工会计各个核算岗位的会计数据统一收集后集中输入计算机，此后的各种数据处理工作都由计算机按照会计软件的要求自动完成，不受人工干预。从输入会计凭证到输出会计报表一气呵成，一切中间环节都在机内自动处理，而需要的任何中间资料都可以通过系统提供的查询功能得到，真正实现了“数出一门（都从凭证上来）、数据共享（同时产生所需账表）”。整个账务处理流程具有高度的连续性、严密性，呈现出一体化趋势，极大地提高了财务报告的时效性。这样，在手工会计中非常费时、费力和烦琐的工作，变成了电算化系统中一个简单的指令或动作。过去需要众多人员从事的填制凭证、记账、编表等工作，现在只需要少量的录入人员进行操作就可以了。手工会计中不同账务处理程序的划分已没有必要，可以采用一种统一的账务处理程序，这就为实现电算化系统中账务处理程序的通用化提供了前提。

（六）账务处理程序内部控制自动化

1. 控制形式的变化

原手工操作下一些内部控制措施在信息化后没有存在的必要性，如编制科目汇总表、凭证汇总表，试算平衡的检查，总账、明细账的核对。原手工操作下一些内部控制措施在电算化后转移到计算机内了，如凭证借贷平衡校验、余额发生额平衡检查等。

2. 控制内容的变化

会计信息化中除了人这个执行控制的主体外，许多内容的控制方法主要通过会计软件来实现，因此，计算机系统的内部控制也由手工条件下的单一制度控制转变为程序控制和制度控制。计算机技术的引入，给会计工作增加了新的工作内容，同时也增加了新的控制措施，如计算机硬件及软件分析、编程、维护人员与计算机操作人员内部控制，以及计算机机内及磁盘内会计信息安全保护、计算机病毒防治、计算机操作管理、系统管理员和系统维护人员的岗位责任制度等。

（七）账务处理系统机构调整多样化

会计核算软件正式投入使用后，对原有会计机构必须做相应调整，对各类人员制定岗位责任制度。会计信息化后的工作岗位可分为基本会计岗位和信息化会计岗位。基本会计岗位包括会计主管、出纳、会计核算各岗、稽核、会计档案管理等；信息化会计岗位包括直接管理、操作、维修计算机及会计软件系统等。

（八）查询高速自动化

在手工方式下，要查询一个数据特别是收集某一汇总或加总数据时速度很慢，而用计算机查询，可以设定查询的条件，很快查到所需要的数据；另外，在查阅时，还可以归类，打印查询结果。通过在账务系统中设置项目辅助核算账，还可以及时对项目核算账单独进行汇总和查询，其查询内容和方法都是手工系统所不能比拟的。

二、新账务处理程序的规程

为确保企业实施信息化后的账务处理程序能够为企业提供及时准确的会计信息，也为保证输入计算机的会计数据正确合法、会计软件处理正确，及时生成管理所需的数据，在信息化的账务处理系统中，企业应遵行如下处理程序。

信息化各岗位人员要按照财政部《会计基础工作规范》及单位有关规定，办理日常会计业务。在信息化后，企业账务处理流程中的组织结构是按照数据处理流程设置的，因此，各岗位设置中是以保证数据处理安全、准确为前提，而不是以工作内容相互牵制为前提。在信息系统中的各个岗位设置中应有数据录入人员、审核人员、系统管理员、维护员、开发人员等，岗位调整必须同组织控制相结合，以实现职权分离，有效地限制和及时发现错误或违法行为。如规定系统开发人员和维护人员不能兼任系统操作员和管理人员等，因为系统开发人员对系统组成及设计思想是熟悉的，如果系统开发人员作为系统操作人员，则可以在操作过程中通过对系统进行修改或设置达到非法目的，从而给企业带来损失。各类人员备好各自的姓名和口令，在日常使用过程中经常更改口令，防止密码泄露。

软件操作员根据审核后的原始凭证编制记账凭证，并正确录入计算机。严禁录入未经审核的原始凭证，并要保证会计记账凭证的连续编号。在账务系统中，数据处理内容多数是由计算机自动完成的，所以，输入数据的准确性就显得尤为重要。在对输入数据的校验中可以采用计算机内自动校验和手工校验相结合的方法，其中，计算机自动校验也可以称为事前校验，而手工校验可以称为事后校验。在账务处理系统中以记账凭证的录入为主，对记账凭证的校验设置可以采用的方法有借贷平衡法、界限值法等。对输入凭证的手工校验，可以采用二次输入法或目测法等。

替代手工记账后，当天发生的业务，当天登记入账。会计信息的及时、准确同等重要，在信息化账务系统中数据处理的起点是会计凭证，如果数据输入不及时，则系统内各种相关信息就不能及时生成，从而影响信息的及时性，对企业预测和决策产生重要影响。

期末要按《企业财务报告条例》规定的时间及时结账，不得提前或推迟。账务处理系统与其他子系统相连，共同组成一个整体，在其他子系统未结账时，账务处理子系统是不能结账的。期末应及时生成和打印输出会计报表，打印输出前要防止本期还有未记账的凭证。对会计报表中的数据处理可采用手工与自动相结合的方法。

及时装订原始凭证、记账凭证、账簿、报表等会计资料。整理并存储会计数据是账务处理系统的要求，对会计数据的存储方法可以有多种。比如，采用电子数据存储方法，存储在磁盘、磁带、磁鼓等磁性介质中；也可以采用打印输出的方式，将会计数据存储在纸张上，整理并存放；还可以通过网络，将数据存储在网络U盘等存储介质中，当企业存储数据遭到破坏时，企业可以通过网络将数据找回，并恢复为企业所需数据。

灵活运用计算机对数据进行综合分析，定期或不定期地向单位领导报告主要财务指标和分析结果。会计数据中，在账务系统中的会计报表子系统输出的各种企业会计报表是企业经营成果的展现。在企业应用财务处理软件时，可以由报表模块为企业生成会计报表，并通过对应的图形分析，为企业领导者的分析和预测提供依据。如果企业的表格管理系统应用比较广泛，则可以灵活运用表格处理软件设计并生成企业各种常用报表。

第二节　出纳管理信息化

随着信息技术的应用和推广，会计业务和信息技术的结合也更加紧密，基于信息化的会计管理系统得到全面的应用和推广。但出纳管理系统的信息化程度相对来说却仍然较低，出纳业务的许多环节依然以手工作业为主。伴随信息网络技术的快速进步，与出纳业务密切相关的网上银行、第三方支付异军突起，为出纳业务更加广泛、深入利用信息技术提供了新的机遇。出纳业务与信息技术密切结合，既是“互联网+”条件下财务工作对出纳业务转型升级提出的新要求，也是出纳业务自身发展的必然规律。

一、出纳业务信息化的内涵

（一）出纳业务信息化的概念

出纳业务信息化，从形式上来说就是把互联网和计算机等当代电子信息技术延伸、运用到出纳业务所有流程的过程，目的是提高出纳业务的工作效率。实现信息化的出纳业务结构主要由工作人员、计算机软硬件和网络通信技术三大要素组成。在业务处理手段上高度信息化的出纳业务较之传统的出纳工作有着根本的区别，借助计算机及其附属设备，可以实现传统手写票据的电子化，以电子账簿替代纸质的银行存款日记账和现金日记账，通过网络足不出户实现银行对账。借助电子打印系统提供出纳日常报表，在节省大量人工的同时提高了工作效率和准确度[①]。

（二）出纳业务信息化的主要功能

出纳业务与现代信息化技术的密切结合可以实现三大功能，即现金收支业务信息化、银行票据结算业务信息化和往来结算业务信息化。

1. 现金收支业务信息化

现金收支是出纳业务最常见的业务内容，其业务形式多种多样，包括各类差旅费用票据的报销，单位小额零星用品的采购，员工工资支出，各种福利费和劳务费的发放等。现金收支业务有三个特点，一是业务频次多，二是发生大金额少，三是登记手续烦琐。引入信息化技术手段后，可以很大程度上降低现金收支业务的工作强度，只要出纳人员完成对原始单据的审核，结束现金支付或收取等前期工作，就可以使用专门的出纳管理系统，把发生的具体业务记录贮存在计算机中，实现现金日记账登记的信息化处理。现金收支业务的信息化处理支撑系统包括两个，即出纳系统和总账系统。

2. 银行票据结算业务信息化

银行票据种类繁多，各类票据的填制是银行票据结算业务的主要内容。从发生频次上来看，现金支票和转账支票又是其中最常见的票据类型。以传统手工方法处理这两类业务，一是填制过程容易出错，二是后续登记查询耗时耗力。但

① 李婷. 出纳工作信息化的影响及对策［J］. 中国经贸导刊，2017（5）：88+95.

如果使用计算机信息技术处理这两类业务，则既省时省力，又可以保证较高的准确率。目前，银行票据结算业务信息化系统已经比较成熟，它包括票据系统、出纳系统和总账系统三个部分。在出纳人员结束前期单证审核工作后，利用票据结算系统，可以快速、便捷、高效地完成票据打印、报销、查询等以往烦琐耗时的工作。

3. 往来结算业务信息化

通过银行转账的途径处理不同经济主体间的往来结算是一种常见的交易方式，传统的结算方式需要出纳人员到银行柜台进行办理，需要花费较多的时间和精力。信息化过程中网上银行的出现，则大大简化了结算业务的处理过程。大量的结算业务以及多样化的代缴代扣业务都开始使用网银这一途径进行简化处理，网银的出现和迅速推广为出纳业务提供了信息化的便利条件，与网银系统、出纳系统和总账系统连接为一体的出纳管理系统，将往来结算业务的不同环节连成一体。

二、信息化对出纳工作的影响

（一）强化了出纳职能的发挥

出纳业务具有三大职能，一是款项收付职能，也是出纳的基本职能，即对日常的收支活动以及其他经济往来进行处理和控制；二是反映职能，即完整地记录与核算日常发生的财务信息，如实反映和监督财务状况和货币资金的变动情况；三是监督功能，即依照工作规范适时管控库存现金、银行存款和各种票据，全程监控涉及货币资金变动的各类经济业务。出纳工作实现信息化，意味着出纳工作的职能不仅不会削弱，反而会随着信息化的普及和深入更加突出和强化。

（二）提高了日记账的登记效率

货币资金收付业务是最常见的出纳业务，出纳人员需要日复一日地据此编制记账凭证，并根据记账凭证再登记库存现金日记账和银行存款日记账。在人工记账的条件下，由于此类业务数量庞大，不仅耗费较多时间，而且往往容易出错，出现业务信息漏记、重记等现象。引入专业化的信息系统后，只要出纳人员能够准确输入记账凭证，此类日记账在记账凭证输入计算机系统后则会凭借有关程序实现自动生成，无须出纳人员再次登记现金日记账和银行存款日记账。而且根据需要，出纳人员可以随意查询有关信息，并且随时打印库存现金日记账和银行存款日记账。

（三）简化了票据书写形式

票据管理是出纳业务的重要内容之一，传统的票据管理需要依靠出纳人员手工书写各种收据、进账单、银行支票和商业汇票等票据，同时还需填写各种登记簿、备查簿，从而保证票据的正常办理和有效使用，这些工作数量较大、频次较高且容易出错。票据管理采用计算机控制以后，与票据相关的文字录入、金额书写都可以在计算机上完成，上述各类票据都可以通过计算机直接填写并输出。出纳软件一般都设置了阿拉伯数字大小写自由转换功能，出票日期无须手工填写即可自动生成。这些功能强大、操作简单的出纳软件的使用，不仅大大改变了出纳票据填写方式和流程，而且极大地提高了出纳工作效率，保证了工作的精准度。

三、推进出纳工作利用信息化的途径

（一）现金业务信息化

第一是现金收取信息化。现金的收取源于出纳环节，要求出纳人员收取现金后根据工作过程及时将现金收取输入财务管理软件系统，并按照要求制作“收款结算单”，为会计人员后续制作“现金收款凭证”提供材料。第二是现金存储信息化。出纳人员收取现金后必须及时将其存入指定的资金结算部门，此时需要在相应的财务软件系统里作“现金缴存单”备查，并将制作完毕的“现金缴存单”送交主管会计进行审核，审核通过后利用输出系统打印现金存款凭证，然后把该单据和现金同时存入资金结算部门。第三是现金提取信息化。出纳人员首先需要通过财务软件向资金结算部门报告次日需要提现的金额；其次在财务软件里根据上一工作日上报的提现要求，在“现金业务——现金支取单”空格内填写必要的内容；最后使用打印机打印现金支票，并持该现金支票前往资金结算部门提取现金。第四是现金支付信息化。和现金收取一样，出纳人员在平时现金支付业务时同样需要使用财务款项。只不过这时需要在系统里做“付款结算单”，以便会计人员制作“现金付款凭证”及其后续工作。

（二）银行付款和收款信息化

出纳业务信息化的广泛应用，可以支持一部分付款业务通过网上收付款途径完成，而不必直接给付现金。通过网银实现收付款业务，需要出纳人员反复审核会计人员出具的《支款申请单》，如果收到的是原始发票，也需要进行仔细的核对，核对无误后，把收款单位名称、开户银行及银行账号等信息准确无误地录入与银行联网的财务软件系统。填写完毕后，出纳人员要将有关信息完整地提交主管会计进行审核，审核通过后才可以进行付款。从这里可以看出，银行付款和收款信息化，不仅高效而且安全。因为使用囊括出纳系统的财务管理软件进行现金收支业务需要会计和出纳两个人共同参与才能完成，而仅仅由会计或者是出纳一个人根本无法完成这些工作。出纳管理软件的这种特点，可以起到不同财务管理岗位之间相互监督的作用，充分体现了财会工作的谨慎性和安全性原则①。此外，出纳人员每天要核对银行对账单和本单位账户明细，查看当天的收付款项。如果网上付款业务填写有误，通过“银行对账单管理”也能查看是否退回，内部单位可通过“本单位账户明细”查询。

① 张建国．会计电算化对会计工作的影响分析［J］．中国市场，2020（16）：146+148.

第四章　审计学的基础理论探究

第一节　审计的概念与职能

一、审计的概念

审计是独立客观的经济监督、确认和鉴证活动。它是由独立的专职机构或人员接受委托或授权，对被审计单位特定时期的财务报表及其他有关资料以及经济和管理活动的真实性、合法性、合规性、公允性、有效性和效益性进行监督、确认和鉴证的活动，其目的在于确定或解除被审计单位的受托经济责任，帮助被审计单位实现其目标。

二、审计的特征

根据审计的概念，可以概括出审计的两个基本特征：独立性和权威性。

（一）独立性

独立性是保证审计工作顺利进行的必要条件。审计的原始意义就是查账，即由会计人员以外的第三者，对会计账目和财务报表进行审查，借以验证其公允性和合法性。现代审计理论中的三种审计关系人就是据此产生的。第一关系人，即审计主体（审计机构或人员），其根据审计委托者的委托，就被审计单位的财务状况、经营管理活动及有关人员履行受托经济责任情况进行监督、确认和鉴证，并提出审计报告书或证明书；第二关系人，即审计客体（被审计单位），其对审计委托者承担的委托经济责任，须经审计机构或人员监督、确认和鉴证后才能确定或解除；第三关系人，即审计委托者，被审计单位对其承担某种受托经济责任，二者之间存在一定的权责关系。

审计关系必须由委托审计者、审计者和被审计者三方构成，缺少任何一方，独立、客观、公正的审计将不复存在。这是由财产所有权与经营管理权相分离所产生的受托经济责任所决定的。财产所有者对公司拥有所有权但不亲自参加经营管理，为了保护自身的利益，财产所有者迫切希望了解与自己有经济关系的经济组织的财务收支和经济状况，这就需要对负有受托经济责任的经营管理者进行监督、确认和鉴证，而这种监督、确认和鉴证只有由独立于其之外的第三者进行，才能得到合法、公允、可靠的结果。这就是审计机构或审计人员的独立性①。

（二）权威性

审计机构的权威性是审计监督正常发挥作用的重要保证。审计机构的独立性，决定了它的权威性。审计机构或人员以独立于公司所有者和经营者的“第三者”身份进行工作，其对公司财务报表的经济监督、确认和鉴证，恪守独立、客观、公正的原则，按照有关法律法规，根据一定的准则、程序进行；加上取得审计人员资格必须通过国家或职业团体规定的严格考试，因而他们具有较丰富的专业知识，这就保证了其所从事的审计工作具有专业性、科学性。正因为如此，审计人员的审计报告具有一定的社会权威性，并使经济利益不同的各方乐于接受。各国为了保障审计的这种权威性，分别通过公司法、商法、证券交易法、破产法等，从法律上赋予审计在整个市场经济中的经济监督、经济评价和经济鉴证的职能。一些国际组织为了提高审计的权威性，也通过协调各国的审计准则、标准，使审计成为一项国际性的专业服务，增强各国财务信息的一致性和可比性，以有利于加强国际经济贸易往来，促进国际经济的繁荣。

三、审计的职能

审计职能是指审计本身所固有的内在功能。审计有什么职能，有多少职能，这些都不是由人的主观意愿决定的，而是由社会经济条件和经济发展的客观需要决定的。审计职能不是一成不变的，它是随着经济的发展而发展变化的。目

① 吴晓蓉．现代云计算技术对审计的影响［J］．中国乡镇企业会计，2021（7）：156-157.

前，对于审计职能的论述，见解各异。通过总结历史和现实的审计实践，我们认为，审计具有经济监督、经济确认和经济鉴证的基本职能。

（一）经济监督

监督是指监察和督促。经济监督是指监察和督促被审计单位的全部经济活动或其某一特定方面在规定的标准以内，在正常的轨道上进行。

纵观审计产生和发展的历史，审计无不表现为经济监督的活动，履行着经济监督的职能。古代封建王朝的官厅审计，为维护王朝的统治和利益，代理皇室专司财经监督的职责，对侵犯皇室利益者予以惩处。资本主义政府审计，为维护资产阶级的整体利益，代理政府专司经济监督的职责，对损害资本主义利益的行为进行严格的审查和处罚。社会主义国家的政府审计，通过审计监督可以严肃财经纪律，维护国家、人民和国有资产的利益，可以保证政府机关、国有企事业单位经济活动的合法性。可见，经济监督是政府审计的基本职能。

（二）经济确认

经济确认就是通过审核检查，确定被审计单位的计划、预算、决策、方案是否先进可行，经济活动是否按照既定的决策和目标进行，经济效益的高低优劣，以及内部控制系统是否适当有效等，从而有针对性地提出意见和建议，以促使其改善经营管理，提高经济效益。

审核检查被审计单位的经济资料及其经济活动，是进行经济确认的前提。只有查明了被审计单位的客观事实，才能按照一定的标准进行对比分析，形成各种经济确认意见。这样，经济确认才能建立在真实情况的基础之上，确认的结论才能客观、公正，才能被社会各界所接受。经济确认的过程同时也是肯定成绩、发现问题的过程。审计咨询是紧接着经济确认而产生的，是经济确认职能的扩展。审计咨询就是审计人员从经济确认出发，提出改进经济工作、提高效率的建议和措施。国际内部审计师协会理事会将内部审计定义为：内部审计是一种独立、客观的确认和咨询活动，旨在增加组织的价值和改善组织的运营。

（三）经济鉴证

鉴证是指鉴定和证明。经济鉴证是指通过对被审计单位的财务报表及有关经济资料所反映的财务收支和有关经济活动的合法性、公允性的审核检查，确定其可信赖的程度，并做出书面报告，以取得审计委托人或其他有关方面的信任。

经济鉴证职能是随着现代审计的发展而出现的一项职能，它不断受到人们的重视而日益强化，并显示其重要作用。西方国家非常重视审计的经济鉴证职能，不少国家的法律明文规定，公司的财务报表必须经过审计人员鉴证之后，才能获得社会上的承认。我国各类公司财务报表必须经中国注册会计师鉴证后，才具有法律效力。审计的经济鉴证职能将越来越发挥其在经济生活中的重要作用。

应该说，不同的审计组织形式在审计职能的体现上侧重点有所不同，政府审计侧重于经济监督，内部审计侧重于经济确认，民间审计则更侧重于经济鉴证。

四、审计的作用

审计的作用是履行审计职能、实现审计目标过程中所产生的社会效果。总结古今中外的审计实践，审计具有制约性和促进性两大作用。

（一）制约性作用

审计的制约性作用主要表现在：通过对被审计单位的财务收支、内部控制及其有关经营管理活动审核检查，对被审计单位的财务收支、内部控制及经营管理活动进行监督、确认和鉴证，揭露贪污舞弊、弄虚作假等违法乱纪、严重损失浪费及不经济的行为，依法提请追究相关单位和人员的责任，从而纠错揭弊，保证国家的法律、法规、方针、政策、计划和预算的贯彻执行，维护财经纪律和各项规章制度，保证财务资料及其他资料的真实、可靠，保护国家财产的安全和完整，维护社会主义经济秩序，巩固社会主义法制。可以概括如下。

1. 揭示错误和舞弊

审计通过审查取证可以揭示错误和舞弊，不仅可以纠正核算错误，提高会计工作质量，还可以揭露舞弊，保护财产的安全，堵塞漏洞，防止损失。

2. 维护财经法纪

在审查取证、揭示各种违规违法行为的基础上，通过对过失人或犯罪嫌疑人的查处，提交司法、监察部门进行处理，有助于纠正或防止违法行为，维护财经法纪。

（二）促进性作用

审计通过审核检查，对于被审计单位的经营管理制度及经营管理活动进行评价，确认其合理性，以便继续推广；指出其不合理性，并提出建议，以便纠正改进，促进其加强经营管理。对于经济活动所实现的经济效益进行评价，指出潜力所在，促进其进一步挖掘潜力，不断提高经济效益和社会效益。可以概括如下。

1．改善经营管理

通过审查取证、评价揭示经营管理中的问题和管理制度上的薄弱环节，提出改进建议，促进改善经营管理。

2．提高经济效益

通过对被审计单位财务收支、内部控制及其有关经营管理活动效益性的审查，评价受托经济责任，总结经验，指出效益低下的环节，提出改进意见和建议，改进经营管理和内部控制工作，促进提高经济效益。

第二节　审计的种类与方法

一、审计的种类

审计的发展史表明，古今中外，都有适合当时社会和时代特点的审计形式。由于社会制度和经济类型不同，各国审计工作的要求、范围、主体也不一样，从而形成了不同类型的审计。像任何其他复杂的事物一样，审计可以从不同的角度加以考察，从而做出不同的分类。研究审计种类的意义就在于从各个不同的角度加深对审计的认识，以便有效地组织和运用各种类型的审计，充分发挥审计的职能作用，并不断探索和开拓新的审计领域，建立和完善我国审计理论、组织和工作体系。

审计分类的标准很多，相应地，审计有许多不同的种类。参照国际审计分类的惯例，结合我国经济类型和审计监督的特点，我国审计划分为基本分类和其他分类两大类。

（一）审计的基本分类

说明审计本质的分类称为基本分类。审计按其主体分类和按其内容、目的分类，属于基本分类。基本分类中的审计类别，分别从不同角度说明审计的本质。

1. 按审计主体分类

审计主体是指执行审计的一方。根据国内外审计的发展和现状，审计按其主体可分为政府审计、民间审计和内部审计。

（1）政府审计。政府审计是指由政府审计机关执行的审计，在我国亦称国家审计。政府审计机关包括按我国宪法规定由国务院设置的审计署，由各省、自治区、直辖市、市、县等地方各级政府设置的审计局和政府在地方或中央各部委设置的派出审计机关。政府审计机关主要是依法对国务院各部门和地方各级人民政府及其各部门，国有金融机构、国有企事业单位，以及其他有属于国有资产的单位的财政财务收支及其经济效益进行审计监督。

（2）民间审计。民间审计是指由经财政部门审核批准成立的民间审计组织所实施的审计，如经财政部门审核批准成立的会计师事务所实施的审计。民间审计的特点是受托审计。民间审计组织接受政府审计机关、国家行政机关、企事业单位和个人的委托，依法对被审计单位的财务收支、内部控制及其经济效益承办审计、经济鉴证、注册资本验证和管理咨询服务等项业务。民间审计在我国亦称社会审计、注册会计师审计。

（3）内部审计。内部审计是指由本部门和本单位内部专职的审计机构或人员所实施的审计，包括部门内部审计和单位内部审计两大类。这种专职的审计机构或人员，独立于财会部门，直接接受本部门、本单位董事会下设的审计委员会或本部门、本单位主要负责人的领导，依法对本部门、本单位及其下属单位的财务收支、经营管理活动及其经济效益进行内部审计监督。内部审计的主要目的是纠错防弊，促使改善风险管理，提高公司治理水平。

2. 按审计内容和目的分类

我国审计按内容和目的可分为财政财务审计、财经法纪审计、经济效益审计和经济责任审计。

（1）财政财务审计。财政财务审计是指审计机关对被审计单位的财务报表及其有关资料的公允性及其所反映的财政收支、财务收支的合法性所进行的审计。财政财务审计也称传统审计或常规审计。就其内容来看，财政财务审计是对国务院各部门和地方各级政府及其各部门，国有金融机构、企事业单位的财政财务收支进行的审计监督，其目的是确定或解除被审计单位的受托经济责任。其主要特点是通过对被审计单位的财务报表及其有关资料的审查和验证，确定其可信赖的程度，并作出书面报告，确定或解除被审计单位的受托经济责任。财政财务审计的主要内容包括两个方面：一是检查会计处理的合法性、公允性，这是形式上的审计；二是验证被审计单位受托经济责任的履行情况，这是实质性审计。

（2）财经法纪审计。财经法纪审计是指审计机关对被审计单位和个人严重侵占国家资财、严重损失浪费以及其他严重损害国家经济利益等违反财经纪律行为所进行的专案审计。它是我国审计监督的一种重要形式，其目的是保护国家财产，维护党和国家的路线、方针和政策及法律规章得以贯彻执行。其主要特点是根据群众揭发和会计资料所反映出来的问题，对有关单位或当事人在经济活动中的不法行为立案审查，以查清事实并确定问题的性质。其主要内容包括审查严重侵占国家资财、严重损失浪费、在经济交易中行贿受贿、贪污以及其他严重损害国家和企业利益的重大经济案件等。

（3）经济效益审计。经济效益审计是指审计机关对被审计单位的财政财务收支及经营管理活动的经济性和效益性所实施的审计。经济效益审计的内容通常包括对各级政府及其各部门的财政收支与管理活动，企业的财务收支及其经营管理活动，事业单位的资金使用及其管理活动，固定资产投资及其管理活动的经济效益情况与影响因素、途径所进行的审计。其目的是促使被审计单位改善经营管理，提高经济效益和工作效率。其主要特点是通过对被审计单位工作和生产经营活动的分析评价，发现其在工作和经营管理上存在的薄弱环节，挖掘潜力，厉行节约，增收节支，寻求提高经济效益的正确途径。其审查重点包括两个方面：一是对被审计单位资金使用、投资项目、资源利用等方面的效益性进行审查和分析；二是对被审计单位经营管理活动的效益性进行审查和分析。

（4）经济责任审计。经济责任审计是指审计机关或审计人员接受有关部门的委托，依据国家法律法规和有关政策，审计领导干部任职期间所在部门、单位财政财务收支的真实性、合法性和效益性，以及领导干部本人对有关经济活动应当负有的责任，包括主管责任和直接责任，借以评价领导干部履行经济责任情况的较高层次的经济监督、确认和鉴证活动。经济责任审计包括任期经济责任审计和离任经济责任审计。

（二）审计的其他分类

除审计的基本分类外，还可以对审计进行其他分类。

1．按审计范围分类

审计按其范围，可以分为全部审计、局部审计和专项审计。

（1）全部审计。全部审计又称全面审计，是指对被审计单位一定期间的财政财务收支及有关经济活动的各个方面及其资料进行全面的审计。这种审计的业务范围较广，涉及被审计单位的所有会计资料及其经济资料所反映的采购、生产、销售、各项财产物资、债权债务和资金以及利润分配、税款缴纳等经济业务活动。其优点是审查详细彻底，缺点是工作量太大、花费时间太多。全部审计一般适合规模较小、业务较简单、会计资料较少的行政机关和企事业单位，或适合被审计单位内部控制薄弱及会计核算工作质量差等情况。

（2）局部审计。局部审计又称部分审计，是指对被审计单位一定期间的财务收支或经营管理活动的某些方面及其资料进行部分、有目的、重点的审计，如对被审计单位进行的专项现金审计、银行存款审计、存货审计等，都属于局部审计。另外，为了查清贪污盗窃案件而对部分经济业务进行的审查，也属于局部审计范围。这种审计时间较短，耗费较少，能及时发现和纠正问题，达到预定的审计目的和要求，但容易遗漏问题，所以有一定的局限性。

（3）专项审计。专项审计又称专题审计，是指对某一特定项目所进行的审计。该种审计的范围是特定业务，针对性较强，如基建资金审计、支农扶贫专项资金审计、世界银行贷款审计等。专项审计有利于及时围绕当前的工作中心和重点开展审计工作，有利于有针对性地提出意见和建议，为经济控制和决策提供真实、可靠的信息。

2．按审计实施时间分类

按照实施审计的时间进行分类，可以分为事前、事中和事后审计。另外，还可以分为定期审计和不定期审计。事前审计、事中审计和事后审计，是按照被审计单位经济业务发生的时间来划分的。

（1）事前审计。事前审计是指在被审计单位经济业务发生以前所进行的审计。对预算或计划的编制和对经济事项的预测及决策进行的审计，均属于事前审计。其主要目的是加强预算、计划、预测和决策的准确性、合理性和可行性。事前审计的审计内容包括对财政预算、信贷计划、企业生产经营的计划和决策，诸如投资方案可行性、固定资产更新改造决策、产品生产或个别部件加工方案的选择以及行政事业单位经费预算等。这种审计对于预防错弊，防患于未然，保证经济活动的合理性、有效性和会计资料的正确性，提出建设性意见，形成最佳决策方案，严格执行财经纪律，都具有积极的作用，故也称为预防性审计。

（2）事中审计。事中审计是指在被审计单位经济业务执行过程中进行的审计。通过对被审计单位的费用预算、费用开支标准、材料消耗定额等执行过程中的有关经济业务进行事中审计，便于及时发现并纠正偏差，保证经济活动的合法性、合理性和有效性。

（3）事后审计。事后审计是指在被审计单位经济业务完成以后所进行的审计。财务报表审计这类传统的审计均属事后审计。事后审计的适用范围十分广泛，主要是进行合法性、合规性、公允性和有效性审计。其主要目的是监督和评价被审计单位的财务收支、内部控制及有关经济活动、会计资料是否符合国家财经法规，是否符合会计准则和会计原理，是否具有良好的经济效益，从而确定或解除被审计单位的受托经济责任。政府审计、民间审计大多实施事后审计，内部审计也常进行事后审计。

定期审计和不定期审计是按照审计是否按规定的期限进行划分的。定期审计是按照预先确定的时间进行的审计，如民间审计中对各类公司的年度财务报表审计，政府审计中对领导干部履行经济责任实施的经济责任审计。不定期审计是出于需要而临时安排进行的审计，如民间审计对公司出于并购目的而进行的公司并购审计，政府审计对被审计单位存在的贪污、受贿案件而进行的财经法纪审计等。

3．按审计执行地点分类

审计按其执行地点，可以分为报送审计和就地审计。

（1）报送审计。报送审计又称送达审计，是指审计机构按照审计法规的规定，对被审计单位按期报送来的凭证、账簿和财务报表及有关账证等资料进行的审计。报送审计主要适用于政府审计机关对规模较小的单位执行财政财务审计。这种方式的优点是节省人力、物力，缺点是不能实地观察、了解被审计单位的实际情况，不易从财务报表及相关资料外发现被审计单位的实际问题。

（2）就地审计。就地审计是指审计机构委派审计人员到被审计单位所在地进行的审计。就地审计可以深入实际调查研究，易于全面了解和掌握被审计单位的实际情况，是我国审计监督中使用最广泛的一种方式。按照就地审计的具体方式不同，又可分为驻在审计、专程审计和巡回审计三种。驻在审计是审计机构委派审计人员长期驻在被审计单位所进行的就地审计。专程审计是审计机构为特定目的而委派有关人员专程到被审计单位进行的就地审计。巡回审计是审计机构委派审计人员轮流对若干被审计单位进行的就地审计。

4．按审计动机分类

审计按其动机，可以分为强制审计和自愿审计。

（1）强制审计。强制审计是指审计机构根据法律法规规定对被审计单位行使审计监督权而进行的审计。这种审计是按照审计机关的审计计划进行的，不管被审计单位是否愿意接受审计，都应依法进行。我国政府审计机关根据法律赋予的权力，对国务院各部门和地方各级政府及其各部门的财政收支、国有金融机构和企事业单位的财务收支实行强制审计。我国各类公司按照《中华人民共和国公司法》的规定，年度财务报表须经中国注册会计师审计，也属于强制审计的范畴。

（2）自愿审计。自愿审计是根据被审计单位自身的需要，委托审计组织对其相关业务和事项进行的审计。一般民间审计接受委托人的委托，按照委托人的要求对其进行的审计，即属于这种审计。自愿审计是相对于强制审计而言的。

5．按审计是否通知被审计单位分类

审计按其在实施前是否预先告知被审计单位，可以分为预告审计和突击审计。

（1）预告审计。预告审计是指在进行审计以前，把审计的目的、主要内容和日期预先通知被审计单位的审计方式。采用这种审计方式，可以使被审计单位有充分时间做好准备工作，以利于审计工作的顺利进行。一般进行财务审计和经济效益审计时，多采用这种方式，事前向被审计单位下达审计通知书或签订审计业务约定书。

（2）突击审计。突击审计是指在对被审计单位实施审计之前，不预先把审计的目的、内容和日期通知被审计单位而进行的审计。其目的是使被审计单位或被审计者在事前不知情的情况下接受审查，没有时间去弄虚作假、掩盖事实真相，以利于取得较好的审计效果。这种审计方式主要用于对贪污盗窃和违法乱纪行为进行的财经法纪审计。

6. 按审计使用的技术和方法分类

审计按其所使用的技术和方法，可以分为账表导向审计、系统导向审计和风险导向审计。

（1）账表导向审计。这种审计技术和方法是围绕会计凭证、会计账簿和财务报表的编制过程进行的，通过对证、账、表上的数字进行审计来判断是否存在舞弊行为和技术性错误。账表导向审计技术和方法适合评价简单的受托经济责任，是审计技术和方法发展的第一阶段，在审计技术和方法史上占有十分重要的地位。

（2）系统导向审计。这种审计技术和方法强调对内部控制系统的评价，当评价的结果证明内部控制系统可以信赖时，在实质性测试阶段只抽取少量样本就可以得出审计结论；当评价结果认为内部控制系统不可靠时，才根据内部控制的具体情况扩大审计范围。系统导向审计是财务审计发展的高级阶段，但是系统导向审计仍需运用账表导向审计的很多技术方法。

（3）风险导向审计。这种审计技术和方法要求审计人员从对企业环境和企业经营进行全面的风险分析出发，使用审计风险模型，积极采用分析程序，以制订与被审计单位状况相适应的多样化审计计划，以达到审计工作的效率性和效果性。风险导向审计是迎合高度风险社会的产物，是现代审计方法的最新发展。

二、审计的方法

（一）审计方法的选用

审计方法是指审计人员检查和分析审计对象，收集审计证据，并对照审计依据，形成审计结论和意见的各种专门手段的总称。

审计方法是从长期审计实践中总结和积累起来的。审计人员在审计工作过程中，为了实现审计目标，完成审计任务，必须运用各种审计方法，对审计对象进行审查和评价，收集各种审计证据，以便据以发表审计意见和做出审计结论。

现代审计方法已经超越了传统的事后查账技术，发展到广泛运用审计调查、审计分析、内部控制系统评审及经营风险导向等技术方法，日趋多样化和现代化，形成了一个完整的审计方法体系，包括审计的基本方法和技术方法。

审计的基本方法是指将马克思主义辩证唯物论和历史唯物论作为指导的工作方法，以及审计计划管理、档案管理的方法，适用于各种审计项目。具体包括：要实事求是，一切从实际出发；要透过现象看本质；要相互联系地看问题；要有长远观点；要有全面观点；既要凭借专门技能，又要依靠职工群众。

审计的技术方法是指为了证实被审计单位的实有资产、负债和所有者权益，核实会计记录和财务报表等的公允性和合法性的方法。

在审计过程中，如果选用恰当的审计方法，便能提高审计工作的效率，收到事半功倍的效果。相反，如果采用的审计方法不恰当，不但不能以一定的人力、物力取得必要的审计证据，而且可能误入歧途，导致错误的审计意见和结论。审计方法的选用应当符合以下要求。

1．审计方法的选用要适应审计的目的

审计方法是达到审计目的的手段，要达到不同的审计目的，就要用不同的审计方法。如在财经法纪审计中，可根据有关线索，对有关方面进行详细审查；在财政财务审计中，则在评价被审计单位内部控制系统的基础上，决定是进行详查还是抽查；等等。

2．审计方法的选用要适合审计方式

不同的审计方式，所需审计证据不同，可以取证的途径不同，就要采取不同的审计方法。如对被审计单位进行财务审计采用报送审计的方式时，就无法采用盘点法、观察法；而在采取实地审计方式时，这些方法就可以选用。

3．审计方法的选用要联系被审计单位的实际

被审计单位经营管理良好，内部控制健全有效，就可选用抽查的方法。相反，被审计单位经营管理较差，内部控制不完善，财会工作混乱，则应选用详查的方法。

所以，科学、合理地选用审计方法，对做好审计工作，提高审计工作质量具有重要意义。

（二）审计工作中审查书面资料的方法

审查书面资料的方法是审计最基本的方法，不管是过去还是现在，不管是国

内还是国外，都广泛地采用这类方法。这类方法审查的对象主要是会计凭证、会计账簿和财务报表，因此也叫查账法。

审查书面资料的方法，可以按不同的标准划分为下列几种方法。

1．按审查书面资料的技术分类

按审查书面资料的技术可分为审阅法、核对法、询证法、比较法和分析法。

（1）审阅法。审阅法是指仔细地审查和翻阅会计凭证、会计账簿和财务报表以及计划、预算、决策方案、合同等书面资料，借以查明书面资料及经济业务的公允性、合法性、合规性，从中发现错弊或疑点，收集书面证据的一种审查方法。

审阅法在财政财务审计中运用最为广泛，主要是审阅会计凭证、会计账簿和财务报表。

对原始凭证的审阅，主要看原始凭证上反映的经济业务是否符合规定，还要看凭证上记载的抬头、日期、数量、单价、金额等方面的字迹是否清晰，数字是否相符。如有不符合规定的情况或有涂改字迹、数字的情况，就有可能存在舞弊行为。还要审阅填发原始凭证的单位名称、地址和图章，审查凭证的各项手续是否完备。

对记账凭证的审阅，主要审阅记账凭证是否附有合法的原始凭证，记账凭证的记载是否符合会计准则的规定、是否符合会计原理，所记账户名称和会计分录是否正确，有无错用账户或错记方向的情况。

对账簿的审阅，主要是审阅明细记录的内容是否真实、正确，其账户对应关系是否正确、合理，有无错误或舞弊，特别是注意审阅应收应付账款、材料成本差异、管理费用、制造费用、销售费用、财务费用等容易掩盖错弊和经常反映会计转账事项的账簿。

对财务报表的审阅，主要是审阅报表项目是否按会计准则规定编制；其对应关系是否正确，双方合计数是否相符；按各报表之间有关项目的钩稽关系，核对相关的数据是否一致；审阅各项目是否合理、合规、合法，有无异常变化现象。除此之外，对计划资料、合同和其他有关经济资料也应审阅，以便掌握情况，发现问题，获取证据。

在实际工作中，可以把审阅法与核对法结合起来加以运用。

（2）核对法。核对法是指对会计凭证、会计账簿和财务报表等书面资料之间的有关数据进行相互对照检查，借以查明证证、账证、账账、账表、表表之间是否相符，从而取得有无错弊的书面证据的一种复核查对的方法。

在核对会计资料时，一般主要核对下列内容。

第一，核对原始凭证的数量、单价、金额和合计数是否相符。

第二，核对记账凭证与其所附原始凭证是否相符，原始凭证的合计数与记账凭证的合计数是否相符，原始凭证的张数与金额是否相符。

第三，核对记账凭证是否已记入有关明细账和总账。

第四，核对各明细账户的余额合计数与总账中有关账户的余额是否相符。

第五，核对总账各账户的期初余额、本期发生额和期末余额的计算是否正确，各账户的借方余额合计与贷方余额合计是否平衡。

第六，核对财务报表上的数字是否与总账余额或明细账余额相符。

第七，核对银行对账单、客户往来清单等外来对账单是否与本单位有关账项的记载相符。

第八，核对资产负债表、利润表、股东权益变动表、现金流量表上的数字计算是否正确无误。

第九，核对资产负债表、利润表、股东权益变动表、现金流量表之间以及利润表与营业收支明细表之间的相关数字是否相符。

第十，核对账卡上所反映的实物余额是否与实际存在的实物数额相符。

通过上述详细核对之后，可以发现会计资料中存在的差错和问题，然后再进一步分析其性质。有的可能是一般工作的差错，有的则可能是违法乱纪行为，应依据问题的性质及其严重程度进行处理。

审计人员在核对过程中应认真细致、有条不紊，这样才能不致遗漏和重复。为了使这项工作井然有序，就需要使用一些符号，符号多种多样，既可用公认的，也可以自己设定。

（3）询证法。询证法是指审计人员对审计过程中所发现的疑点和问题，通过向被审计单位内外有关人员调查和询问，弄清事实真相并取得审计证据的一种方法。

询证法又分为面询和函询两种。面询是审计人员向被审计单位内外的有关人员当面征询意见，核实情况。征询意见的方式可采用面谈，也可用书面回答。函询是通过向有关单位发函来了解情况、取得证据的一种方法。这种方法一般用于往来款项的查证。运用询证法时，审计人员要讲究方式方法，谋求与被询证单位和人员的真诚合作，提供真实有用的审计证据。

（4）比较法。比较法是指对被审计单位的被审计项目的书面资料同相关的标准进行比较，确定它们之间的差异，经过分析从中发现问题、取得审计证据的一种方法。

比较法大多通过有关指标进行比较，包括指标绝对数比较和相对数比较。指标绝对数比较适用于同质指标数额的对比。绝对数比较法的主要内容有：实际指标与计划指标比较；本期实际指标与上期实际指标或历史最高水平比较；被审计单位的指标与同行业先进单位的同质指标比较；等等。比较后得出的差异，可用作审计证据，并据以做进一步分析。

指标相对数比较是指对不能直接比较的指标，可先将对比的指标数值换算为相对数，然后比较各种比率。如考核和比较规模不同的企业之间的利润水平时，可利用各企业资本金利润率进行比较，借以评价被审计单位的财务状况和经济效益。

（5）分析法。分析法是通过对会计资料的有关指标的逻辑推理、分解和综合，以揭示其本质和了解其构成要素的相互关系的审计方法。

分析法在审计工作中运用较为广泛。通过分析发现存在的差距和问题后，需进一步分析原因，提出改进的方法。

审计分析法按其分析的技术，可以分为比较分析、比率分析、账户分析、账龄分析、平衡分析和因素分析等方法。

2. 按审查书面资料的顺序分类

按审查书面资料的顺序可以分为顺查法和逆查法。

（1）顺查法。顺查法又称为正查法，是按照会计核算的处理顺序，依次对证、账、表各个环节进行检查核对的一种方法。

顺查法的特征：一是从审查原始凭证出发，着重审查和分析经济业务是否真实、正确、合法、合规；二是审查记账凭证，查明会计科目处理、数额计算是否正确、合规，核对证证是否相符；三是审查会计账簿，查明记账、过账是否正确，核对账证、账账是否相符；四是审查和分析财务报表，查明报表各项目是否正确完整，核对账表、表表是否相符。

顺查法的最大优点是系统、全面，可以避免遗漏。其缺点是面面俱到，不能突出重点，工作量太大，耗费人力和时间太多。只对那些业务十分简单，或已经发现有严重问题的单位或单位中的某些部门进行审计时，才使用这种方法，以便查清全部问题。

（2）逆查法。逆查法又称为倒查法，是按照会计核算相反的处理程序，依次对表、账、证各个环节进行检查核对的一种方法。

逆查法的特征：一是从审查和分析被审计单位财务报表出发，从中发现并找出异常和有错弊的项目，据以确定下一步审查的线索和重点；二是根据所确定的可疑账项和重要项目，追溯审查会计账簿，进行账表、账账核对；三是进一步追查记账凭证和原始凭证，进行账证、证证核对，以便查明主要问题的真相、原因及结果。

逆查法的最大优点是便于抓住问题的实质，还可以节省人力和时间。其缺点是不能全面地审查问题，易有遗漏。对于规模较大、业务较多的大中型企业和凭证较多的行政事业单位，都可以采用这种方法。

3. 按审查书面资料所涉及的数量分类

按审查书面资料所涉及的数量可以分为详查法和抽查法。

（1）详查法。详查法是指对被审计单位一定时期内的所有会计凭证、会计账簿和财务报表或某一项目的全部会计资料进行详细审查的方法。

详查法的特征是：对所审查的被审计单位一定时期的会计凭证、会计账簿和财务报表等会计资料和其所反映的财务收支及有关经济活动做全面详细的审查，巨细无遗，以查明被审计单位或被审计项目所存在的各种差错和舞弊。

详查法的主要优点是能全面查清被审计单位所存在的问题，特别是对弄虚作假、营私舞弊等违反财经法纪行为，一般不易疏漏，能够保证审计质量。其缺点是工作量太大，耗费人力和时间过多，审计成本高，故难以普遍采用，只能用于规模较小的企事业单位或特定情况。

（2）抽查法。抽查法又称抽样法，是指从被审计单位审查期的全部会计资料中抽取一部分进行审查，并根据审查结果推断总体的一种方法。

抽查法的特征是：根据被审计期的审计对象总体的具体情况和审计的目的与要求选取具有代表性的样本，然后根据抽取样本的审查结果来推断总体，或推断其余未抽查部分。

抽查法的主要优点是能明确审查重点，省时省力，具有效率高、成本低和事半功倍的效果。其缺点是审计结果过分依赖抽查样本的合理性，如果抽样不合理，或缺乏代表性，抽查结果往往不能发现问题，甚至以偏概全，做出错误的审计结论。特别是对于发生频率较低的舞弊行为，较难发现。这种方法仅适用于内部控制系统有效、会计基础较好的企事业单位。

从详查法到抽查法，是现代审计的一个重要发展。现代审计的一大进步就是在评审被审计单位内部控制系统的基础上实施抽样审计。

（三）审计工作中证实客观事物的方法

证实客观事物的方法，是审计人员收集书面资料以外的审计证据，证明和落实客观事物的形态、性质、存放地点、数量和价值等的方法。这类方法包括盘点法、调节法、观察法和鉴定法。

1. 盘点法

盘点法又称实物清查法，是指对被审计单位各项财产物资进行实地盘点，以确定其数量、品种、规格及其金额等实际状况，借以证实有关实物账户的余额是否真实、正确，从中收集实物证据的一种方法。

盘点法按其组织方式，分为直接盘点和监督盘点两种。

直接盘点是审计人员亲自到现场盘点实物，证实书面资料与有关的财产物资是否相符的方法。审计人员一般不采用直接盘点。

监督盘点是指为了明确责任，审计人员不亲自进行盘点，而是由经管财产人员及其他有关人员进行实物盘点清查，审计人员只是在一旁对实物盘点进行监督，如发现疑点可以要求复盘核实。在监督盘点方式下，可以采用突击性盘点和抽查性盘点形式。突击性盘点是指事先不告知经管财产的人员在什么时间进行盘点，以防止经管人员在盘点前，对财产保管工作中的挪用、盗窃及其他弊端加以掩饰。对于大宗原材料、产成品等，应采用抽查性盘点。抽查性盘点是指不对所有的财产物资进行盘点，而只是对一部分财产物资进行抽查核实，以便检查日常盘点工作质量的优劣，检验盘点记录是否真实和正确，查明财产物资是否安全、完整，有无损坏或被挪用、贪污和盗窃等情况[①]。

① 张灵军．加强基层内部审计工作的思考与建议［N］．中国审计报，2021-07-14（8）．

2．调节法

调节法是指在审查某个项目时，通过调整有关数据，求得需要证实的数据的方法。

在审计过程中，往往出现现成的数据和需要证实的数据不一致的情况，为了证实数据是否正确，可采用调节法。如对银行存款实存数的审查，通常运用调节法编制银行存款余额调节表，对企业单位与开户银行双方所发生的“未达账项”进行增减调节，以便根据银行对账单的余额来验证银行存款账户的余额是否正确。

运用调节法还可以证实财产物资是否账实相符。当盘点日与书面资料结存日不同时，结合实物盘点，将盘点日期与结存日期之间新发生的出入数量与结存日期有关财产物资的结存数进行调节，以验证或推算结存日期有关财产物资的应结存数。

3．观察法

观察法是指审计人员进驻被审计单位后，对于生产经营管理工作的环境、财产物资的保管情况、内部控制系统的执行情况等，亲临现场进行实地观察，借以查明被审计单位经济活动和内部控制的事实真相，核实是否符合有关标准和书面资料的记载，以取得审计证据的方法。

进行财政财务审计和经济责任审计时，一般要运用观察法进行广泛的实地观察，收集书面资料以外的审计证据。审计人员应深入被审计单位的仓库、车间、科室、工地等现场，对其内部控制系统的执行情况、财产物资的保管和利用情况、工人的劳动效率和劳动态度等生产经营管理活动情况进行直接观察，从中发现薄弱环节以及存在的问题，以便收集审计证据，提出建议和意见，促进被审计单位改进经营管理，提高经济效益。

应用观察法时，要与查询法等其他审计方法结合起来，才能取得更好的效果。必要时，可视具体情况和要求，对现场进行摄像或拍照，作为审计证据。

4．鉴定法

鉴定法是指对书面资料、实物和经济活动等的分析、鉴别，超过一般审计人员的能力和知识水平而邀请有关专门部门或人员运用专门技术进行确定和识别的方法。

鉴定法可应用于财政财务审计、财经法纪审计、经济效益和经济责任审计。比如对实物性能、质量、价值的鉴定，涉及书面资料真伪的鉴定，以及对经济活动的合理性和有效性的鉴定等；又如伪造凭证的人不承认其违法行为，可通过公安部门鉴定其笔迹，以确定其违法行为；再如对质次价高的商品材料的质量情况难以确定时，请商检部门通过检查化验确定商品质量和实际价值等；还可以邀请基建方面的专家，对基建工程进行质量检查等。这是通过观察法不能取证时必须使用的一种方法。

鉴定法的鉴定结论必须是具体的、客观的和准确的，并作为一种独立的审计证据，详细地记入审计工作底稿。

第三节　信息技术对审计的影响

信息技术是指利用计算机和现代通信手段实现获取信息、传递信息、存储信息、处理信息、显示信息、分配信息等的相关技术。现代信息技术是指20世纪70年代以来，随着微电子技术、计算机技术和通信技术的发展，围绕信息的产生、收集、存储、处理、检索和传递，形成一个全新的、用以开发和利用信息资源的技术系统。

一、信息技术对审计过程的影响

在计算机产生以前，企业内部的信息处理最初是以手工处理的方式进行的。一个企业的会计部门，通过不同岗位之间的分工协作，将日常经营活动中产生的财务资料进行加工处理，形成企业内部和外部需要的各种纸质会计信息。

随着计算机的普及尤其是微型计算机的大众化，一些企业开始用计算机来处理部分会计资料。例如，企业内部自行开发的工资管理程序、存货管理程序等，逐步用机器代替了部分人工劳动。但由于计算机处理的范围比较小，注册会计师可以忽略计算机的存在，直接对打印出来的纸质文档进行审计。

随着会计信息技术的大规模普及，大多数企业的会计处理已经实现信息化。审计人员开始意识到信息技术对审计的重要性，但这时人们对信息技术设计的认识还停留在对财务数据的采集和分析阶段，审计人员仍然可以绕过信息系统，对财务报表进行核实，以获取审计证据[①]。

伴随着会计信息化的成熟，以ERP为代表的企业信息系统的高度集成逐渐兴起。这时的企业信息系统已不仅仅是一个孤立的系统，而且是集财务、人事、供销、生产为一体的综合系统，财务信息只是这个系统所处理信息的一部分，因此，审计人员必须在规划和执行审计工作时对企业信息技术进行全面考虑。

应该指出的是，信息技术在企业中的应用并不改变审计人员制定审计目标、进行风险评估和了解内部控制的原则性要求，审计准则和财务报告审计目标在所有情况下都适用。但是，审计人员必须更深入了解企业的信息技术应用范围和性质，因为系统的设计和运行对审计风险的评价、业务流程和控制的了解、审计工作的执行以及需要收集的审计证据的性质都有直接的影响。具体地说，信息技术对审计过程的影响主要体现在以下五个方面。

（一）对审计线索的影响

审计线索对审计来说极其重要。传统的手工会计系统，审计线索包括凭证、日记账、分类账和报表。审计人员通过顺查和逆查的方法来审查记录，检查和确定其是否正确地反映了被审计单位的经济业务，检查企业的会计核算是否合理、合规。而在信息技术环境下，从业务数据的具体处理过程到财务报表的输出都由计算机按照程序指令完成，数据均保存在磁性介质上，从而会影响到审计线索，如数据存储介质、存取方式以及处理程序等。

（二）对审计技术手段的影响

过去，审计人员实施审计都是手工进行的，但随着信息技术的广泛应用，若仍以手工方式进行审计，显然已经难以满足工作的需要，难以达到审计的目的。注册会计师需要掌握相关信息技术，把信息技术当作一种有力的审计手段。

（三）对内部控制的影响

现代审计技术中，审计人员会对被审计单位的内部控制进行审查与评价，以此作为制订审计方案和决定抽样范围的依据。随着信息技术的发展，内部控制在形式及内涵方面发生了变化。在高度电算化的信息环境中，业务活动和业务流程

① 马爽．大数据时代审计信息化问题和对策［J］．中国市场，2021（6）：181-182.

引发了新的风险，从而使具体控制活动的性质有所改变。

（四）对审计内容的影响

在信息化条件下，审计内容发生了相应的变化。在信息化的会计系统中，各项会计事项都是由计算机按照程序进行自动处理的，信息系统的特点及固有风险决定了信息化环境下审计的内容包括对信息化系统的处理和相关控制功能的审查。对于特定的财务报表审计项目，审计人员必须考虑其数据准确性以支持相关审计结论，因而需要对其基于信息系统的数据来源及处理过程进行审查。

（五）对审计人员的影响

信息技术在被审计单位的广泛应用要求审计人员一定要具备相关信息技术方面的知识。审计人员要成为知识全面的复合型人才，不仅要有丰富的会计、审计、经济、法律、管理等方面的知识和技能，还需要熟悉信息系统的应用技术、结构和运行原理，有必要对信息化环境下的内部控制做出适当的评价。审计人员必须对信息系统的风险和控制都非常熟悉，对审计的策略、范围、方法和手段做出相应的调整，以获取充分、适当的审计证据，出具审计报告。

二、信息技术对确定审计范围的影响

被审计单位的流程和信息系统可能拥有各自不同的特点，因此审计人员应按各自特点制订审计计划中包含的信息技术审计内容；另外，如果审计人员计划依赖自动控制或自动信息系统生成的信息，那么就需要适当扩大对信息技术审计的范围。

审计人员在确定审计范围时，需要结合被审计单位业务流程复杂程度、信息系统复杂程度、系统生成的交易数量、信息和复杂计算的数量、信息技术环境规模和复杂程度等五个方面，对信息技术审计范围进行重点考虑。信息技术审计范围的确定，与被审计单位在业务流程及信息系统相关方面的复杂程度成正比。在具体评估复杂程度时，可以从以下三个方面予以考虑。

（一）评估业务流程的复杂程度

对业务流程复杂程度的评估并不是一个纯粹客观的过程，而是需要审计人员的职业判断。审计人员可以通过考虑某流程涉及过多人员及部门且界限不清、某流程涉及大量操作及决策活动、某流程的数据处理过程涉及复杂的公式和大量的数据录入操作、某流程需要对信息进行手工处理，以及对系统生成的报告的依赖程度，对业务流程复杂程度做出适当判断。

（二）评估信息系统的复杂程度

与评估业务流程的复杂程度相类似，对企业信息系统复杂程度的评估也不是一个纯粹客观的过程，评估过程包含大量的职业判断，也受到所使用系统类型（如商业软件或自行研发系统）的影响。具体来说，评估商业软件的复杂程度应当考虑系统复杂程度、市场份额、系统实施和运行所需的参数设置范围等。而对于自行研发系统复杂程度的评估，应当考虑系统复杂程度、距离上一次系统架构重大变更的时间、系统变更对财务系统的影响结果，以及系统变更之后的系统运行情况和运行期间。

（三）评估信息技术环境的规模和复杂程度

评估信息技术环境的规模和复杂程度，主要应当考虑产生财务数据的信息系统数量、信息部门的结构与规模、网络规模、用户数量、外包及访问方式。信息技术环境复杂并不一定意味着信息系统是复杂的，反之亦然。在具体审计过程中，审计人员除了考虑以上所提及的复杂程度外，还需要充分考虑系统在实际应用中存在的问题，评价这些问题对审计范围的影响程度。

三、信息技术对内部控制评价的影响

在信息技术环境下，传统的手工控制越来越多地被自动控制所替代。同时，对自动控制的依赖也可能给企业带来下列财务报告的重大错报风险：信息系统或相关系统程序可能会对数据进行错误处理，也可能会去处理那些本身就错误的数据；自动信息系统、数据库及操作系统的相关安全控制如果无效，会增加对数据信息非授权访问的风险；数据丢失风险或数据无法访问风险，如系统瘫痪；不适当的人工干预，或人为绕过自动控制。被审计单位采用信息系统处理业务，并不意味着手工控制被完全取代，信息系统对控制的影响，取决于被审计单位对信息系统的依赖程度。由于被审计单位信息技术的特点及复杂程度不同，被审计单位的手工及自动控制的组合方式往往会有所区别。

手工控制的基本原理与方式在信息技术环境下并不会发生实质性的改变，审计人员仍需要按照标准执行相关的审计程序，而对于自动控制，应从信息技术一般性控制与信息技术应用控制两方面考虑对内部控制评价的影响。

（一）信息技术一般性控制对内部控制评价的影响

信息技术一般性控制是指为了保证信息系统的安全，对整个信息系统以及外部各种环境要素实施的对所有的应用或控制模块具有普遍影响的控制措施，它通常会对实现部分或全部财务报表认定做出间接贡献。在有些情况下，信息技术一般性控制也可能对实现信息处理目标和财务报表认定做出直接贡献。这是因为，有效的信息技术一般性控制确保了应用系统控制和依赖计算机处理的自动会计程序得以持续有效地运行。如果审计人员计划依赖自动应用控制、自动会计程序或依赖系统生成信息的控制时，就需要对相关的信息技术一般性控制进行审查。

信息技术一般性控制包括程序开发、程序变更、程序和数据访问以及计算机运行四个方面，审计人员应对这四个方面的内部控制进行评价。

1．程序开发

程序开发领域的目标是确保系统的开发、配置和实施能够实现管理层的应用控制目标。程序开发控制的一般要素包括：对开发和实施活动的管理，项目启动、分析和设计，对程序开发实施过程的控制软件包的选择，测试和质量确保，数据迁移，程序实施，记录和培训，职责分离。

2．程序变更

程序变更领域的目标是确保对程序和相关基础组件的变更是经过请求、授权、执行、测试和实施的，以达到管理层的应用控制目标。程序变更控制一般包括以下要素：对维护活动的管理，对变更请求的规范、授权与跟踪，测试和质量确保，程序实施，记录和培训，职责分离。

3．程序和数据访问

程序和数据访问这一领域的控制目标是确保分配的访问程序和数据的权限是经过用户身份认证并经过授权的。程序和数据访问的子组件一般包括安全活动管理、安全管理、数据安全、操作系统安全、网络安全和物理安全。

4. 计算机运行

这一领域的目标是确保生产系统根据管理层的控制目标完整准确地运行，确保运行问题被完整准确地识别并解决，以维护财务数据的完整性。计算机运行的子组件一般包括计算机运行活动的总体管理、批调度和批处理、实时处理、备份和问题管理以及灾难恢复。

（二）信息技术应用控制对内部控制评价的影响

信息技术应用控制一般要经过输入、处理及输出等环节，和手工控制一样，自动系统应用控制同样关注信息处理目标的四个要素，即完整性、准确性、授权以及访问限制。

完整性控制包括顺序标号，可以保证系统每笔日记账都是唯一的，并且系统不会接受相同编号，或者在编号范围外的凭证。还包括编辑检查，以确保无重复交易录入，比如按发票付款的时候，检查发票编号。

准确性控制包括编辑检查，即限制检查、合理性检查、存在性检查和格式检查等，将客户、供应商、发票和采购订单等信息与现有数据进行比较。

授权控制包括交易流程中必须包含恰当的授权，将客户、供应商、发票和采购订单等信息与现有数据进行比较。

访问限制控制包括三个方面：一是对于某些特殊的会计记录的访问，必须经过数据所有者的正式授权，管理层必须定期检查系统的访问权限来确保只有经过授权的用户才能够拥有访问权限，并且符合职责分离原则；二是访问控制必须满足适当的职责分离，如交易的审批和处理必须由不同的人员来完成；三是对每个系统的访问控制都要单独考虑，密码必须定期更换，并且在规定次数内不能重复，还要定期生成多次登录失败导致用户账号锁定的报告，管理层必须跟踪这些登录失败的具体原因。

四、计算机辅助审计技术和电子表格的运用

（一）计算机辅助审计技术

计算机辅助审计技术，是指用计算机和相关软件，使审计测试工作实现自动化的技术。计算机辅助审计技术可以在现有手工执行的审计测试自动化、手工方

式不可能执行的测试或分析等方面使审计工作更富效率和效果。

计算机辅助审计技术不仅能够提高审阅大量交易的效率，而且计算机不会受到过度工作的影响。从这个意义上讲，计算机辅助审计技术可以使审阅工作更具效果，还可以节省大量的审计工作量、审计时间和审计成本。

最广泛地应用计算机辅助审计技术的领域是实质性测试，特别是在与分析程序相关的方面。除此以外，计算机辅助审计技术还能用于详细测试以及对审计抽样的处理。计算机辅助审计技术使得对系统中的每一笔交易进行测试成为可能，用于在交易样本量很大的情况下替代手工测试。

与其他控制测试相同，计算机辅助审计技术也可用于测试内部控制的有效性，选择少量的交易，并在系统中进行穿行测试，或是开发一套集成的测试工具，用于测试系统中的某些交易。在控制测试中使用计算机辅助审计技术的优势是，可以对每一笔交易进行测试，从而确定是否存在内部控制失效的情况。

（二）电子表格

在信息化程度很高的环境下，由于系统限制等，财务信息和财务报表的生成往往还需要借助电子表格来完成。

所谓电子表格，是指利用计算机作为表格处理工具，以实现制表工具、计算工具以及表格结果保存的综合电子化的软件。目前普遍使用的电子表格通常包括Excel等软件，通过电子表格可以进行数据记录、计算与分析，并能对输入的数据进行各种复杂统计运算后显示为可视性极佳的表格。审计人员在对信息系统进行审计时，需要谨慎地考虑电子表格中的控制，以及电子表格控制设计与执行的有效性，从而确保这些内嵌控制持续的完整性。电子表格的特性以及编制使用电子表格的环境特性，增加了电子表格所生成的数据存在错误的风险，从而对审计工作产生影响。

在高度信息化的企业中，重要的财务电子表格用来在重要的流程中（自动控制或步骤）生成财务数据，或用来生成用于关键手工控制的财务或其他数据。审计人员应该了解评估范围内重要的流程和账户，并识别用来支持这些流程或账户的相关电子表格的可靠性。

信息技术的广泛应用对于审计所包含的内容产生了重大影响。随着信息技术的发展，未来的审计一定会越来越依赖先进的信息技术，服务的内容也将从传统审计扩展为包括财务信息、内部控制等在内的综合信息。这一切都将给审计从业人员带来挑战，审计人员不仅需要具备专业知识，而且需要具备涉及信息技术领域的知识，还应配备信息技术专业人员从事审计工作。

第五章　信息化环境下新型审计方式及对策

第一节　信息化环境下新型审计方式

一、计算机审计的意义、特点与作用

（一）计算机审计的意义

计算机审计的意义主要体现在下列三个方面。

1. 计算机审计是审计信息化环境下审计事业与时俱进，开创审计工作新局面的客观要求

审计信息化的发展，使得审计对象、审计环境和审计程序都发生了巨大的变化。抓住机遇适时推进和开展计算机审计不仅是应对会计信息化发展的要求，也是审计事业自身发展的要求。

2. 计算机审计是全面审计、突出重点、求真务实的现实需要

随着审计信息化的发展，传统手工“盲人摸象”的审计方式既无法做到全面审计，又不能突出重点；开展计算机审计，将审计工作的求真实务和计算机技术有机结合，可以使上述问题迎刃而解。

3. 计算机审计是开创审计方式创新、提高审计成果质量的有力保证

计算机技术与审计工作相结合是一个全新的课题，推进计算机审计，以审计方式创新带动观念、方法创新，为提高审计成果质量提供了强有力的保证。它不仅可对电子财务数据进行审计，还可对管理这些电子财务数据的信息系统进行审计，因而，它从多方面入手，控制企业经济信息，确保了企业经济信息的安全

性、可靠性和完整性。

（二）计算机审计的特点

1. 审计对象是系统内部控制和电子数据

（1）要进行系统内部控制的测评工作。其作用和意义相当于在纸质环境下的内部控制测评工作。对系统内部控制的测评工作同样需要对不相容职务是否分离等内容进行测评（如对数据的查询和修改必须根据职务和分工分别设置不同的权限等）。

（2）直接对象是电子数据。审计人员可以摆脱传统电子账套，直接深入到底层数据，深入了解和把握电子数据的特点和规律，然后通过对底层数据的分析处理，来获取大量的多种有用信息。

（3）扩大了审计空间和审计人员的视野。由于对象是电子数据，因而拓展了审计空间和审计视野。通过对电子数据的处理，不仅可以获得财务数据，还可以获得多种非财务数据；不仅可以获得内部数据，还可以获得外部数据。因而，可将内部数据与外部数据进行对比以及将财务数据与非财务数据进行对比。

（4）加快了审计速度，提高了审计效率。由于对象是电子数据，并使用计算机手段，因而可以非常快速和便捷地处理海量数据，提供了在手工条件下不可想象的手段，解决了在手工条件下不可能解决的问题。

2. 改变了审计的核心方法

（1）账目基础审计。核心方法是详查法。

（2）制度基础审计。核心方法是测试法，包括符合性测试、实质性测试和分析性测试。

（3）风险基础审计。分析性测试处于核心中的核心。

（4）数据基础审计。使用计算机，所面临的问题不再是业务量和账册量，而是多种多样的海量数据。审计人员只有将原生态的数据转化为对审计有用的信息，审计目标才能实现。因而核心方法是数据分析方法。

3. 需要创建大量的新型审计技术方法

从技术方法角度来说，账目基础审计、制度基础审计、风险基础审计、数据基础审计之间，有着不同程度的传承关系。前三者之间的传承关系比较紧密，而数据基础审计与前三者之间，变化却是革命性的，需要创建全新的技术方法即需要形成审计中间表、结构化查询技术、个体分析模型方法、多维分析技术（计算机审计与传统手工审计方式的本质区别就在于前者能够建立相应的模型进行审计分析）以及数据挖掘技术。

4. 需要重塑审计程序和审计管理模式

传统审计模式中，国家审计的审计过程一般可分为审计准备、审计实施和审计报告三个阶段。但是，在引入数据式审计模式后，审计准备阶段与审计实施阶段的界限变得模糊不清。

分析起来，其原因可能是：数据分析既像审计准备工作，又像审计实施工作。其中，主要的问题可能是审前调查的归属没有明确的限定。审前调查需要做大量的数据分析工作，而数据分析的测试属性又无法合理确定，于是有些审计人员将其划入审计准备阶段，有些审计人员则将其划入审计实施阶段。如果事实果真如此，我们就应当将审计过程再行细分，将其直接划分为四个阶段，即审计准备阶段、审前调查阶段、审计实施阶段和审计报告阶段。

审计准备阶段与审前调查阶段的划分原则应该是，审计人员是否需要实施实际的数据分析。如果需要，就必须向被审计单位出具具有法律效力的通知书，然后才能获取敏感性、实质性的数据。有了审前调查阶段，审计人员就可以名正言顺地进行数据的采集、转换、整理和分析，从而为制订审计实施方案和进行审计验证奠定坚实的基础。

审计准备阶段与审前调查阶段的划分标志应该是审计通知书，审前调查阶段与审计实施阶段的划分标志应该是审计实施方案。

5. 需要重新构筑基础审计理论的框架

审计模式也在不知不觉中发生着变化，现在进行的审计模式既不是账目基础审计，也不是制度基础审计或是风险导向审计，它是一种全新的审计模式：数据式审计。

数据式审计分为两种类型：数据基础审计模式（数据为直接对象，不以系统内部控制为基础）和数据式系统基础审计模式（数据为直接对象，以系统内部控制为基础）。

数据式审计是对详细审计与抽样审计，符合性测试与实质性测试理论的挑战。

（三）计算机审计的作用

1．被审计单位内部控制风险的评价

对被审计单位的会计信息系统，审计人员必须评价其内控风险，以确定审计人员依赖被审计单位内部控制的程度，减少实质性测试的范围，提高审计工作效率和质量。

2．财会数据的分析性复核

通过对财会数据的分析性复核，可发现某一阶段某项费用突然大幅度增加的现象。

3．财会数据的测试

审计人员可将会计数据输入被审计单位的计算机系统里，以此来测试被审计单位的程序控制。

4．审计文书的管理

审计工作中会产生各类审计文书，采用计算机审计有利于这些文书的有效管理，提高了审计效率和质量，保证了审计文书的规范性。

5．审计工作的标准化

开展计算机审计，可促进审计工作的标准化，推动审计机关的依法审计、依法行政，保证审计流程的规范化[①]。

二、计算机审计的方式和流程

（一）计算机审计的方式

计算机审计的发展过程经历了三种不同的方式，从最早的单机审计方式到现场网络审计方式，最后发展到现在的远程联网审计方式。

1．单机审计方式

单机审计方式是账套还原，即审计人员将被审计单位财务系统中的相关数据经清理、转换成审计中间表导入其计算机硬盘或移动硬盘中，将其整理为传统意义上的账目系统，然后再进行检查。在这种方式下，审计的重心依然是账目系统，只不过是由纸质系统转换为电子账目系统。它解决的是手段问题，而不是方

① 何艺敏．创新审计方式方法提升审计效能的研究［J］．营销界，2021（13）：37-38.

式问题，只是提高了审计效率。这种审计不是真正意义上的进步，它是计算机审计方式的初级形式。但是，由于这种方式与传统的手工审计方式有很多的相似之处，更容易被审计人员接受，因而，在目前的审计中仍被广泛地采用，尤其是在财务收支审计项目中。

2. 现场网络审计方式

现场网络审计是在被审计单位现场建立一个审计局域网，将其与被审计单位网络直接连接，将审计单位财务系统中的相关数据经清理、转换成审计中间表导入现场审计局域网审计信息系统服务器中，将其整理为传统意义上的账目系统，然后再进行审计。这种方式只是单机审计方式从单机到网络的扩展，使得多个审计人员能够并发审计。它是计算机审计方式的中级形式。

3. 远程联网审计方式

远程联网审计方式就是通过互联网将审计机关的审计网络与被审计单位的网络进行远程连接，借助现代信息技术，运用专门的审计方法，通过人机结合，对被审计单位进行远程审计。远程联网审计方式与现场网络审计方式相比是质的飞跃，它是现代审计方式在电子商务时代的新发展，也是电子商务的内在需求。远程联网审计方式是新型审计方式——计算机审计方式的主要表现形式，也是计算机审计方式的高级形式。

（二）计算机审计的主要流程

1. 审前调查，获取必要和充分的信息

（1）被审计单位的基本情况，例如，历史沿革、机构设置、人员状况、主要业务及其流程、经营情况、外部环境。

（2）IT资源，包括网络情况、信息系统、各系统处理的主要作用、各系统所使用的底层数据库、历史数据的容量等。

（3）调查采取的方式，例如，互联网、座谈、资料、实地调查。

2. 采集数据，全面掌握情况

（1）在审前调查提出的数据需求基础上，按照审计目标，采用一定的工具和方法对被审计单位信息系统中的数据库（文件）进行采集。数据采集是计算机审计的首要前提和基础，它具有明确的选择性、目的性和可操作性。

（2）内部数据、外部数据。

（3）财务数据、业务数据、管理数据。

（4）从底层数据库采集、从前台采集。

（5）从备份文件恢复、直接导入。

3．数据清理、转换和验证

由于被审计单位数据来源众多、种类繁杂，往往会存在不少数据质量问题，这些问题将直接影响后续审计工作所得出的审计结论的准确性。数据采集后，审计人员必须对从被审计单位获得的原始电子数据进行清理、转换、验证。

4．建立审计中间表，构建审计信息系统

审计中间表是面向审计分析的数据存储方式。它是将转换、清理后的源数据按照提高审计分析效率、实现审计目的的要求进一步选择、整合而形成的数据集合。利用被审计单位数据库中的数据来实现审计分析，必须对清理、转换、验证后的基础数据按审计目的进行“再加工”，从基础数据中选择出所需要的数据，构成能适用于审计分析的数据表。审计中间表有以下两类。

（1）基础性审计中间表。它是审计人员结合被审计单位的业务性质和数据结构，根据不同的分析主题生成的，它是面向审计组全体审计人员的。所有基础性中间表的集合就构成了该审计项目的审计数据库，它是一个数据资源平台。

（2）分析性审计中间表。为了提高数据分析效率、缩短计算机运算时间，在进行数据分析过程中，审计人员可以根据特定的审计内容，从基础性中间表中抽取部分数据形成分析性中间表，然后再进行数据分析和运算。

5．多维分析、把握总体，锁定重点，撰写数据分析报告

充分利用电子数据的特点和规律，对海量数据从多个角度进行立体分析处理，采用结构分析、趋势分析、对比分析等多种分析方法，利用前端展示工具进行图形化表示，从而把握事物的规律，寻找异常点，来发现审计线索。运用多维分析技术有利于对审计对象进行总体把握，锁定审计重点。

6．建立个体模型，内外关联，筛选分析数据，形成数据分析报告

（1）个体分析模型。在对被审计单位进行总体把握的基础上，需要构建不同的个体分析模型，通过对审计重点进行不同角度的深入分析，达到核查问题、筛选线索的目的，从而为下一步的延伸取证提供明确具体的目标。

（2）个体分析模型的种类。具体分为直接依据法律法规建立分析模型、根据业务处理逻辑建立分析模型、根据对应关系建立分析模型、根据审计经验建立

分析模型以及把内部数据和外部数据关联对照建立分析模型。

三、计算机审计的关键技术和方法

（一）两种构建审计分析模型的方法

审计分析模型是按照审计事项的时间或空间状态（趋势、结构、关系等），通过设定判断和限制条件，建立数学或逻辑表达式，用于验证审计事项实际时间或空间状态的审计技术工具。它是计算机审计的理论基础。个体分析模型和多维分析模式是两种典型的审计分析模型。

1. 个体分析模型的构建方法

个体分析模型的构建方法可分为以下四种类型。

（1）法律规定型，是指根据法律法规创建分析模型。在真实性、合法性审计中，审计人员依据的是相关法律法规的规定。我国的法律是成文法，对于特定的业务而言，相关的法律法规一般都规定得非常具体，在量、性方面均有具体的界定。在建立个体分析模型时就可以依据具体的条文，将法律、法规的定量、定性规定具体化为个体分析模型中的筛选、分组、统计等条件，对反映具体业务内容的特定字段设定判断、限制等条件，从而建立起个体分析模型。

（2）逻辑关系型，是指根据逻辑关系创建审计分析模型。对生产成本的审计历来是企业审计的难点之一，其原因是企业生产成本的计算相对复杂，所涉及的数据量大，在手工审计环境下往往成为企业审计的盲点。有鉴于此，在年度企业的审计中，审计组可充分发挥计算机分析处理数据功能强大的优势，通过构建分析模型、运用计算机处理来完成对企业生产成本的审计。根据不同企业的生产特点，选择具有固定单耗定额的辅料作为分析的对象，以各辅料的定额消耗和账面消耗进行对比，来达到审计的目的。

（3）对应关系型，是指根据对应关系创建审计分析模型。不论是被审计单位内部的财务数据、业务数据，还是来自相关部门或单位的外部数据，都是审计人员在审计项目中可资利用的数据资源。这些数据虽然来自不同的渠道，但都是对被审计单位经济业务的反映，彼此之间存在着一种可据以进行相互查考、核对的关系。在构建分析模型时，审计人员可以充分利用内外部数据之间存在的这种关联关系，方便、快捷地建立起分析模型进行比对、分析，更好地完成审计任务。

（4）经验型，是指利用审计经验创建分析模型。审计人员在长期的对某类问题的反复审计过程中，往往能摸索、总结出此类问题的表征。在审计实践中抓住这种表征，从现象分析至实质，就可以较为方便地核查问题。

2. 多维数据分析模型的构建方法

个体分析模型的构建方法是对电子数据的局部操作，构建的都是个体分析模型。在海量数据面前如何把握总体？我们需要一种能构建总体分析模型的技术方法——多维数据分析模型的构建方法。

（1）构建多维数据分析模型的原因。

一是数据库多种多样。被审计单位的数据库有Oracle，Sybase，DB2，SQL等。

二是数据量庞大。对于税收审计、海关审计、金融审计等，其数据量非常巨大。

三是数据表复杂。在大型被审计的机关、企事业单位数据库中的数据表不仅庞大，而且复杂。

（2）构建多维数据分析模型的重要意义。

自从审计署开始大力推广计算机技术在审计实务中的应用以来，从Excel表格到SQL Server等大型数据库软件的应用，再到审计软件的开发，审计人员的计算机应用水平有了长足的提高，关系数据库技术已在政府审计中得到了广泛的应用，许多人已经能够灵活地在审计过程中编写简单的SQL语句。但是，目前无论是利用已有的商业软件还是自身开发的应用软件，都是在审计过程中的一个局部应用，很多时候还是脱离不了利用计算机开展辅助审计的影子，盲目性大，审计风险较高，还没有把计算机审计作为一种思维方式贯穿到实务中。在实际工作中，我们往往缺乏一种把握总体、统领全局的能力和技术。财政审计、税收审计、海关审计、金融审计面对海量的数据，数据量大、数据表复杂，如何在这个数据迷宫中迅速找出审计所需要的信息，这是一个不得不面对的难题。这个问题不解决，就不可能杜绝“盲人摸象”的现象。

如何在审计过程中迅速把握总体，如何从被审计单位浩如烟海的电子数据中根据需要找出有用的信息成了摆在我们面前迫切需要解决的问题。审计人员的总体分析要求对关系数据库进行大量计算才能得到结果，简单的SQL语句和小型数据库软件已经无法满足这样的要求了。我们需要利用专门的数据综合引擎和直观的数据访问界面，以统一复杂查询中各种混乱的应用逻辑，使系统在很短的时间内响应审计人员的复杂查询。

（3）常用多维数据分析模型的工具。

一是常用的服务器端分析工具：Microsoft SQL Server Analysis Services，IBM DB2 OLAP Server等。

二是常用的客户端分析工具：Excel数据透视表和Access Crystal Analysiso。

构建多维分析模型的一种方法就是利用多维数据集，它是包含维度和度量值的多维结构，是多维数据分析技术的支柱和OLAP的核心，有时也称为立方体（Cube）或超立方，一般由被审计单位数据库的一个子集构成。简单来说，维就是我们看问题的角度，多维就是构建多维分析模型从多角度观察被审计单位的相关信息。

多维数据集的作用如下：统揽全局，把握总体；观察趋势，选择重点；运用钻取，掌握明细；关联分析，寻找规律；发现线索，引导延伸。

多维数据集的几个重要概念如下。

第一，维。简单来说，维就是我们看问题的角度。我们在进行数据分析时，经常需要选择一个对审计事项有重要影响的因素进行具体分析。如在已建立的“延期纳税”多维数据集中，审计人员可以从税务机关、征收项目、审批时间等角度去分析该地区国税局的批准缓税情况。这些分析角度或分析出发点构成了多维数据集中的维度。多维数据集中的数据就按照这些维来组织，维也就成了多维数据集中识别数据的索引。

第二，维成员。它是维的一个取值，如征收项目维中的“企业所得税”“增值税”，税务机关维中的“A区国家税务局”“D县国家税务局”等就是维成员。维成员的值并不是我们在多维数据集中所关心的对象，审计人员常常是用这些维成员去描述其他对象——主题在维中的位置。例如，在“延期纳税”多维数据集中，审计人员只对批准缓税的金额感兴趣，但是在观察数据时，却需要以税务机关维、征收项目维和审批时间维去描述批准缓税的金额。对于一个多维数据集而言，维成员是度量值或聚合在某个维上的位置描述。

第三，度量值。它是基于多维数据集的事实数据表中一列或多列值的集合，这些值一般为数字。度量值是多维数据集的核心值，是最终用户在运用多维数据分析方法时所需要查看的数据。如“延期纳税”多维数据集中的税额。

第四，聚合。它是预先计算的数据集合。聚合的预先计算是为了缩短查询响应时间。当一个多维数据集的事实数据表包含成千上万行数据（更多的时候是几十万行甚至几百万行数据）时，如果每次查询都要扫描事实数据表的话，那么一条特定的查询请求会花费很长的时间来回答。然而如果回答该查询的聚合数据已经预先计算，那么这个响应几乎可以立即完成。

多维数据集分析的方法如下。

第一，切片。在对数据进行多维分析时，如果对多维数据集的某个维选定一个维成员，这种选择操作就可以称为切片（Slice）。对多维数据集的切片并不一定是一个二维的平面切片。切片的维数取决于多维数据集的维数。只有在多维数据集是三维的情况下，才能获得一个二维的平面切片。

第二，切块。与切片类似，如果在一个多维数据集上对两个及以上的维成员进行操作，那么可以称为切块。切块操作也可以看成进行多次切片操作以后，将每次切片操作所得到的切片重叠在一起而形成的。切块操作既可以在同一维度上对不同的维成员进行，也可以在不同的维度上同时进行。例如，通过对切片图中的多维数据集中的征收项目维先后按照“增值税”和“消费税”进行两次切片操作，所获得的两个切片可以组成一个在征收项目维上的切块。切片和切块都是对数据的过滤，其实质都是在一部分维上选定值后，观察度量值在剩余维上的分布。

第三，旋转。在对多维数据集的数据进行浏览的过程中，我们常常希望通过改变维方向来从不同的角度观察数据，这就是对多维数据集进行旋转操作，其实也就是在多维数据集浏览器中对维度的拖动和替换。这种操作可以将多维数据集中的不同维进行交换显示，可以得到不同视角的数据，使我们更加直观地观察数据集中不同维之间的关系。

第四，钻取。它有向下钻取和向上钻取之分。在多维分析中，常常需要对某一个感兴趣的聚合数据进行深入分析、查看底层数据，为审计取证提供更直接的指导，这就是对数据的向下钻取。所谓向上钻取是指自动生成汇总行的分析方法，向上钻取是对向下钻取的反向操作。钻取还有“钻过”和“钻透”之分，前者是指对多个事实表进行查询，后者是指对多维数据集操作时，利用数据库关系，钻透多维数据集的底层，进入后端的关系表，“钻透”技术是我们在审计实践中用得较多的一种方法。钻取的深度与维所划分的层次相对应。

（二）计算机审计质量控制

在我国，计算机审计是由政府推进而逐步走向成熟的，因而，需要政府来制定计算机审计的审计准则，规范审计程序，明确质量责任。随着审计人员计算机技术水平的不断提高，各种计算机审计方式的操作过程和使用的技术方法是不完全一样的。虽然它带来了计算机审计的繁荣，但同时，也带来了计算机审计风险和质量控制的新问题。

1. 计算机审计质量控制模型

对于一个计算机审计项目，按其进行过程的先后逻辑顺序，可以划分为相对独立的三大部分，即审计准备、审计实施和审计报告，我们称其为过程，这是对计算机审计项目最粗略的划分。为完成各个过程，必须进行一系列的审计业务活动，对于比过程低一等次的审计业务活动，我们称为流程。各流程又是通过一系列更细致的审计业务活动来完成的，我们称流程内部的审计活动为任务。

2. 计算机审计质量控制的步骤

（1）审前调查——计算机审计质量控制的前提。在审计前进行调查时，应先从常用财经法规数据库中选取与审计项目有关的法律、法规，这样可以迅速地查找到所需要的法律、法规，既节省了审计人员查找时间，也便于审计人员审前进行法律、法规的学习。然后利用计算机技术实现条件查询，打开已建立的审计对象数据库，从中查询是不是以前审计过的单位或项目，若是，了解被审计单位经济性质、财政财务隶属关系、内部控制及执行等情况，了解以往的审计经验或计算机审计模型，充分做好审前调查工作。最后到被审计单位有针对性地进行深入调查被审计单位信息系统的运行情况、数据存储形式、数据接口和数据库管理等情况，以确定能否利用计算机审计软件或其他软件读取被审计单位的财务数据。

（2）审计方案——计算机审计质量控制的基础。计算机审计方案有以下三个主要内容。

第一，数据的获取。如何获得被审计单位的电子数据，是直接读取数据，还是需要将数据下载？对获取到的数据如何进行整理和转换？

第二，数据的检验。如何检验被审计单位的电子数据的完整性和真实性，以保证后续分析的准确性？

第三，数据的处理。采用计算、分析性复核等审计方法以及借鉴审计专家经验对形成的电子数据进行分析，确定计算机审计的范围和重点。计算机审计方案必须规范、细致，明确每项审计内容需要达到的目的，区分计算机审计人员的责任，它是控制计算机审计质量的基础。

（3）标准化流程——计算机审计质量控制的核心。根据审计工作的标准，计算机审计人员必须对审计工作中的各个流程进行全程记录，以保证项目审计实施过程的质量。进行流程控制，具体包括以下三个方面。

第一，数据下载。为了防止被审计单位提供错误数据或无故拖延不提供数据，应将每次的数据需求书面提出，对双方交接的数据应记录。

第二，数据检验。针对每一个检验的数据库文件，应详细记录检验时采取的方法、编写的程序和检验的结果，并对数据错误的原因进行分析和认定。

第三，数据处理。对审计方案中每项的审计目的记录、编写审计程序和方法。

（4）结果复核——计算机审计质量控制的保证。计算机审计结果复核主要有以下两种方法。

第一，作业文档的复核。能够在事前检查出计算机审计中出现的错误，不至于浪费审计资源。它是主动的、预防性的，对复核人员的要求较高。

第二，线索的核实。反过来验证计算机审计结果，它可以直接验证计算机审计结果的正确性，如正确，则表明已完成了审计取证工作。它是被动的、矫正性的，能够帮助计算机审计人员发现其数据中的错误，适合一般审计人员。

审计人员通常同时采用上述两种方法进行事前、事后两个阶段的复核，从而保证计算机审计的质量。

3. 提高计算机审计质量的措施

（1）加强审前调查和审计方案的制订。为了保证所有审计项目的审计质量，必须加强对每一个审计项目的审前调查，制订可行的审计方案，以科学、合理安排审计项目的审计时间，尽量缩短周期。

（2）提高审计手段。要加强对审计的主要手段——计算机审计软件的学习、运用和进一步优化，提高审计效率和审计质量。

（3）完善审计日记记录。必须在制度上规定，从进驻被审计单位之日起，每一个审计人员都要对审计事项真实、完整地编写审计日记，并编写审计工作底稿，进一步完善审计日记记录。

（4）加强集体审定。必须集体审定重大事项，审定后，才能实施。

（5）加强审计业务指导。上级机关要经常调研，研究发现新情况、新问题，制定新办法，加强对地方审计机关的业务指导和交流。在具体操作过程中，要加强审计方案制订、审前调查、审计日记、审计文书质量、审计复核等方面的适时指导，以提高地方审计机关的审计质量。

（6）加强审计质量培训和研讨。通过评选优秀审计项目，将好的经验、好的审计案例汇编成册，在全系统进行广泛宣传和推广，以点带面，带动全系统审计业务质量的提高。

（三）数据挖掘技术

数据挖掘（Data Mining，DM）是指从存放在数据库、数据仓库或其他信息库中的大量数据中挖掘有用知识的过程，也称为数据库中知识发现。从20世纪80年代初开始，DM技术已广泛应用在商务决策、知识库、科学和医学研究中。但很少有在审计领域中成功应用的案例。随着审计信息化的进一步推进，计算机审计工作面临巨大的挑战。其中一个最主要的挑战是：在缺乏经验的情况下，如何从庞大的数据库系统中提取有用的审计信息？将DM技术应用到审计业务工作中也是未来计算机审计的一个重要发展方向。

1. DM技术应用于计算机审计的必要性

计算机审计还明显存在着以下一些缺陷。

（1）当前，被审计对象行业跨度大，各单位情况千差万别，当经验和知识有限的审计人员无法运用审计经验时，他只能在海量数据中“盲人摸象”。

（2）数据也是在不断发展和变化的，相对于数据来说审计经验往往是滞后的，这将给审计工作带来巨大的潜在风险。

（3）对同一数据审计，不同的审计人员可能会得出完全不同的审计结论，知识的不对称也无法保障审计质量。

（4）庞大的数据库系统在传统数据分析方法下无法进行完整的分析和处理，审计的广度和深度受到技术工具落后的极大影响。

（5）审计范围和规模的逐步扩大使得信用危机以及各种金融犯罪对审计提出了更高的要求，信息化和网络化环境也使得作弊手法越发隐蔽，数据难以追踪，审计无从下手。

数据挖掘是人工智能领域中针对庞大电子数据而产生的一种新型信息处理技术。它通过自动方式来发现数据中新的、隐藏的或不可预见模式的活动。这些模式隐藏在大型数据库、数据仓库或其他大量信息存储中。数据挖掘利用数据仓库中包含的信息来解决审计人员原先根本没有想过的问题。它是在对数据集全面而深刻认识的基础上，对数据内在和本质的高度抽象与概括，也是对数据从理性认识到感性认识的升华。将DM技术应用于计算机审计中是非常必要的。

2. DM在计算机审计中的方法

数据挖掘的方法有很多，但通常应用在计算机审计中的方法只有下列三种。

（1）统计分析。统计学和概率论的原理是统计分析的理论基础。统计分析是数据挖掘中一种最成熟也较为精确的基于模型的方法。它主要包括回归分析、因子分析和判别分析等。统计方法主要考虑测试预想的假设是否与数学模型拟合，它依赖于显式的基本概率模型。统计方法通过对审计数据进行分类和预测，如将历史数据带入建立的模型中来对审计数据进行预测，当预测值与审计值差距较大时，列为关注的重点。

（2）关联分析。关联分析是从操作数据库的所有细节或事务中抽取频繁出现的模式——关联规则，关联规则总结了一组事件或条目与其他事件或条目的相互联系。货篮分析是关联分析中最常用的形式，用支持度和置信度两个属性来度量，组成“支持度—置信度”框架。经过分析购物者篮子中的产品，并使用关联规则算法对大量篮子进行比较，就可以发现特定产品之间的密切关系。在对财务数据的计算机审计中，同类或不同类会计科目及数据项之间可能存在某种对应关系，按照非财务逻辑关系的规律来查找、挖掘，可发现一些隐藏的经济活动，为审计人员的进一步工作提供了参考。

（3）聚类分析。聚类分析可对一些“孤立点”进行挖掘。“孤立点”就是不符合数据一般模型的一些数据。数据中的异常点可能隐藏了重要的信息，它反映了企业经营中潜伏的问题或暗藏的商机。孤立点挖掘运用比较广泛，能用于欺诈检测，如探测不寻常的信用卡使用或电信服务；在市场分析中可以用于确定极低或极高收入的客户的消费行为。

通过纵横比较可对一个单位某时期数据进行审查，即结合同一单位历史的或同行业的经济指标进行分析类比以考察该数据是否正常。

DM在审计中的应用不仅可以发现潜在的“知识”，为预防和查找电子化经济犯罪独辟蹊径，而且能丰富审计理论和经验，提高审计效率和质量。但目前这种优异的技术在审计中应用较少。主要原因是缺乏结合具体审计事项的切实可行的、适宜的数据挖掘模型。

第二节　远程联网审计

一、开展远程联网审计的必要性

（一）顺应时代的发展

我国目前是信息化高速发展的阶段，随着互联网和信息化的高速发展，被审计单位普遍实现了电算化的会计核算。为适应时代的变化，对审计机构和审计人员也提出了更高的要求。通过远程联网审计不仅可以满足当前和未来审计工作的需要，还可以保证审计工作的时效性和独立性。

远程联网审计可以通过互联网的数据传输服务以及相关审计软件的分析，对被审计单位的审计进程以及各类信息进行实时监控，对于审计过程中发现的问题，可以及时通知被审计单位，以免造成损失的不断扩大。而且传统的现场审计都是在事项全部结束之后，才对相关的内控以及各种细节进行审计，不仅有一定程度的滞后性，而且无法对其过程进行实时的监控，容易造成损失。

传统的现场审计，审计组依赖于被审计单位相关财务人员提供的财务资料和相关的业务资料，在涉及一些敏感话题时，难免会受到一定程度的干扰，可能会影响到审计人员对于相关事项的独立性判断，影响审计的结果。远程联网审计，利用相关的审计技术手段，审计人员可以自由地获取审计数据和资料，增强了审计工作的灵活性以及审计行为的独立性。远程联网审计是信息化高速发展中为保证审计工作的与时俱进而不可或缺的过程[①]。

（二）规范审计工作的要求

采用远程联网审计，可以用现代化的信息技术和网络规范会计工作，避免了人为造成的误差，进一步提高了审计工作的质量，降低了审计风险。传统的审计工作虽已形成一定的规范体系，但是随着信息化技术的发展，审计的领域也在逐渐地扩大，对于审计工作的质量和防范相关的审计风险提出了更高的要求。远程联网审计利用互联网与信息技术，通过作业手段的现代化及工作程序的规范化对审计工作进行控制、监督，更大可能地防止以审谋私行为。

远程联网审计可以对被审计单位的财务资料、相关的业务信息进行实时的监察，并通过相关的审计软件对其进行分析，可以对项目事前、事中以及事后的全过程进行各种财务风险的预警和排查；而传统的现场审计，通常是审计组的成员分散在不同的工作地点，对于审计工作的进度和质量产生一定的影响，而且传统审计一般都是全部事项结束后成立审计组进行审计。传统审计无法体现其过程性，而远程联网审计可以在一定程度上规范审计工作，提升对审计工作过程的控制。

（三）提升审计工作效率的需要

随着时代的发展，我国的经济水平显著提升，需要进行审计的企业和审计资金的数额直线上升，传统的审计方式和审计人员的编制已经无法满足市场的需要。采用远程联网审计的手段提高审计效率，是提高审计工作效率的必经之路。要提高事务所的信息化水平，提高审计人员的知识结构，采用远程联网审计，从根本上提高审计工作效率。

远程联网审计的一个优势在于可以提高审计资源的利用效率，通过互联网技术和相关的审计软件对数据进行计算，在此过程中可以实现数据的采集、审计取证以及对审计证据进行分析评价，在各个方面提升审计资源的利用程度，降低审计过程中的诸多成本的浪费。首先，远程联网审计可以降低交通成本和时间成本。针对审计机构与被审计单位距离较远的情况，传统的现场审计在审计的过程

① 孟令鎏．远程联网审计存在的问题及对策分析［J］．山东纺织经济，2020（12）：23-26.

中产生诸多的交通、差旅以及生活等成本。而在远程联网审计下，审计组除了一些必要的沟通和交流外，可以最大限度地减少因前往被审计单位而浪费的交通成本和时间成本。其次，远程联网审计可以减少资料的查阅时间。联网审计人员可以远程获取审计所需要的主要资料，在此过程中节省了因需要向被审计单位提交资料清单而产生的时间成本。传统审计中，审计组要提前三天向被审计单位下达审计通知书，然后去现场看凭证，找出可疑的信息点，因此，会因调取审计资料而浪费审计人员的大量有效时间，从而造成时间的浪费。而采用远程联网审计可以通过相关的审计软件来获取所需的信息，不仅节约了时间成本，而且使审计人员的工作有了较大的灵活性和自主性。最后，远程联网审计可以提高复查的效率。远程联网审计主要依靠互联网数据，其可以在被审计单位应用嵌入式审计模块，即使在被审计的业务复杂、经营规模不断扩大的情况下，审计人员也可以利用审计模块的对接，对被审计单位的相关业务进行实时的监察。因此采用相关的审计技术手段，能够高效且可靠地对大量电子交易进行复查。

二、远程联网审计的优势

（一）具有多单位联合作业的协调优势

远程联网审计所面对的是比以前更加广泛和复杂的网络经济活动，审计的具体内容除了企业的经济活动和财务记录以外，还包括其使用的内部网络、外部网络和相关企业的审计，而且对每个网络企业进行审计时，都需要对其外部网络系统，即对网络提供财务、保密、身份标识、电子货币等技术和服务的网络公司进行审计。这就使多单位联合和分工协作成为必要。而且由于网络、计算机、现代通信技术在审计中的运用使得多单位协作、联合审计成为可能，多单位联合审计中各单位优势互补、分工协作，使审计资源得到更广泛而有效的配置和运用，从而使审计能力大大提高。

（二）具有隐秘的优势

审计机构在接受委托人或授权人的委托或授权后即可通过网络直接进入被审计单位的网络信息系统，开展审计工作并完成审计报告。网络审计的隐秘性使突击审计的重要性和有效性得以提高，从而减少了审计工作的阻力，提高了审计效率和质量。

（三）具有跨时空作业的便捷优势

借助网络、计算机、现代通信技术使得远程审计与本地审计相结合，当前审计与以前审计、后续审计相结合，跨时空作业成为可能。而网络经济的无边界性和复杂性使得跨时空审计成为必要。跨时空作业使审计单位能够综合调用、管理机构内外的资源，完成审计项目，将原本复杂繁重的审计任务变成简单、方便、快捷的审计作业。

（四）具有准确、高效的优势

通过网络可以充分发掘和发挥计算机高速、准确的优势及审计软件的专业优势，对海量的网络财务数据和业务数据进行检索、查询、追踪、转化、抽取、比较、归类、合并、统计、打印和编制工作底稿，完成工作报告。联网计算的实现使得远程联网审计具有了准确、高效的特点。

三、远程联网审计的特征

（一）实现适时审计

审计人员通过网络访问被审计单位财政财务信息数据库，缩短了每次检查活动的相隔期间以及检查时间，对于具体的财政财务收支事项，既可以在该事项结束后实施审计，也可以在该事项进行过程中适时进行审计，从而实现了事后审计与事中审计的结合，静态审计与动态审计的结合。

（二）实现远程审计

审计机关可以通过网络远程访问被审计单位的财政财务管理系统及其数据库或数据库备份。随着被审计单位信息化程度的逐步提高，通过远程访问完成审计的程度也将得到提高，适时性特征也因此而更加明显。

（三）实现更高效率的数据采集和分析

数据采集和分析的效率是采集和分析的数据量与时间的比，在传统现场网络审计方式中，审计人员利用计算机辅助实施审计数据的采集和分析，在数据量上受到所携带设备、审计范围的限制；在时间上受到现场组网和审计进度的影响。在远程联网审计方式中，网络连接一次性完成，其数据采集和分析的数量基本不受设备限制；审计范围在事前确定为最大可能的范围；时间不受现场组网时间与审计期间影响。具有更高的审计数据采集和分析效率。

（四）信息系统成为新的、必须开展的并且处于首要地位的审计内容

在远程联网审计方式中，由人、计算机硬件、软件和数据源组成，负责收集、加工存储、传递和提供决策所需信息的信息系统，成为内部控制的新内容，涉及内部控制的各个要素。在网络互联的方式下，信息系统是财政财务数据源的必然载体，因此它不仅决定了审计人员对会计和其他经济信息的依赖程度，更重要的是决定了是否可以依赖。在传统现场网络审计方式中，审计人员通过内部控制测评，完成对会计和其他经济信息的可依赖性，以及控制风险水平对实质性测试的性质、范围、时间和重点的影响等情况的确定。在被审计单位为小规模单位、相关内部控制不存在、内部控制存在但并未有效执行、内部控制测试和控制风险评估的工作量可能大于其所能减少的实质性测试工作量等情况下，审计人员无须对相关内部控制进行测评。正是因为传统现场网络审计与远程联网审计所需数据来源的上述区别，信息系统审计在远程联网审计中是必须具备的审计环节。概括而言，信息系统审计是通过收集和评价审计证据，对信息系统是否能够保护资产的安全、维护数据的完整、使被审计单位的目标得以有效地实现、使组织的资源得到高效地使用等方面做出判断的过程。

四、远程联网审计的具体联网模式与审计内容

（一）远程联网审计的具体联网模式

与集中会计核算和集中资金管理的数据量大、集中的信息系统进行联网，可以称为大联网，如审计机关对企业集团、行政事业单位结算中心的联网等。

审计机关与被审计单位进行联网，可以称为点对点联网。从部门预算执行联网审计试点实践来看，其联网方式有所不同，试点的地方审计机关采用大联网方

式，审计署试行点对点联网方式。

（二）远程联网审计的审计内容

一是对电子化的财政财务数据的审计，二是对处理财政财务数据的信息系统的审计。也可将前一方面的审计称为联网数据审计，后一方面的审计称为联网系统审计。为了充分利用联网数据审计和联网系统审计的优势，有效地发挥联网审计的作用，审计机关有必要在数据审计和系统审计两个方面中做出适当选择，有所侧重。决定联网审计内容重点的因素包括以下三个。

1. 单位管理信息化程度

单位信息化程度较高，信息管理系统可依赖性强，系统审计的优势就更加突出，反之数据审计的优势就更加突出。

2. 经济发展大局

经济在不同的发展时期，对审计工作有不同的要求，借此确立的审计工作方针决定了对不同部门审计监督的具体思路。立足投入较少的审计力量达到可控范围内的监督，可以采取系统审计；立足深入透彻地了解并监督被审计单位的财政财务管理，可以采取数据审计。

3. 审计类型

在以财务审计为主的国家，联网审计以数据审计为主。例如，在罗马尼亚，该国联网审计以数据审计为主，产生了对公共财政委员会负责管理和维护的增值税退税与支付应用系统数据库进行审计等，称为数据库审计的联网审计类型。在以效益审计为主的国家，远程联网审计以系统审计为主。例如，美国、英国、印度等。北欧的挪威等国家还把系统审计发展到政府部门网站信息的真实性评价。以效益审计为主的国家，审计机关对系统进行审查，既可以评价系统本身的经济性、效率性和效果性，也可以通过测试程序最大限度地评价系统处理数据的经济性、效率性和效果性，只要在审查过程中注意通过对处理程序的评价、判断、修正来确保数据的真实性，就可以达到数据审计的最终目的。对有集中会计核算和集中资金管理的数据量大、集中的行政事业单位结算中心的信息系统，在大联网方式下，系统审计与数据审计并重；资金量小、所属单位少的一般部门和一般领域，在点对点联网方法下重点实施系统审计，其余的部门在系统基本评估的基础上重点进行数据审计。对年度审计计划确定的被审计部门和被审计领域在系统审计基础上进行有重点的数据审计，其余的只需实施系统审计。对信息化管理规范、水平高的部门重点实施系统审计，否则在系统基本评估的基础上实施数据审计。

五、优化远程联网审计的策略

（一）加快网络化建设

要重视审计机关和被审计单位的网络建设以保证审计信息化建设能顺利实施。每一个被审计单位在开发自己的信息系统时，要为审计监督部门提供数据接口，以便审计机关进行远程联网审计。我国已初步建成联网审计系统，开始实施对中央一级预算单位以及财政、海关、税务、金融等部门的远程联网审计。各地审计机关在进行审计网络建设时，应加快步伐，逐步实现全面的远程联网审计。

（二）提高远程联网审计安全防范意识

审计人员应提高安全防范意识，重视网络审计系统中的身份确认、防火墙、审计数据的传输及反病毒措施等环节，以确保审计数据传输的安全及保密，防范网络审计系统的安全性风险。在远程联网审计时，应该对被审计单位网络结构进行分析与评价，以确认其防范黑客侵入的能力。

（三）加强安全性和保密性审计

必须对网络系统职责分离情况进行审查，遵循的原则仍为不相容职责必须分离，侧重对数据的输入、输出，软件开发和维护，系统程序修改或管理等之间的关系处理进行审查。对被审计单位的系统容错处理机制、安全管理体制和安全保密技术等进行深入的了解，以评价其系统安全性的等级，从而有效地控制审计风险。

（四）加强内部控制测试

远程联网审计与传统的审计相比，其审计环境发生了巨大的变化，内部控制审计重点也发生了变化。在财务网络化环境下，内部控制强调的是防止发生错误功能。内部控制测试应着重检查各种管理制度是否健全、不相容职务是否分离、网络使用是否授权、操作日志是否建立、检查数据是否备份、应用控制制度是否建立等。

（五）提高远程联网审计的人员素质

做好审计人员和计算机人员的人力资源整合，充分实现资源优势互补，是目前切实可行的方法。既要加强审计人员的计算机网络知识与技能培训，又要加强计算机人员的审计技能培训，培养一支具有一定网络审计理论水平，掌握网络审计技术的新型复合型人才队伍，进一步提高远程联网审计的人员素质。

（六）加强立法和新准则的制定

为了保障远程联网审计的正常发展，必须加快远程联网审计立法工作，使人们在开展远程联网审计时有章可循、有法可依。对已有的相关法律法规适用于远程联网审计的应遵从其规定，不适应的需要进一步修改和完善。此外，为了加强网络审计立法工作的力度，需要加强新的审计标准和准则的制定来指导审计工作实践。

（七）积极开发远程联网审计软件

采用网络技术、数字技术等先进手段，积极开发一个可以实现审计计划到报告全过程的远程联网审计软件。必须在资金、人员、软件开发、推广应用、后期维护等方面进行统一管理，集中整合。开发远程联网审计软件应该让软件开发人员深入审计工作第一线，设计分析时要吸纳经验丰富的审计人员参加，加强使用者与开发者之间的沟通与联系，使用中发现的问题及改进建议及时反馈给开发者，不断优化审计软件，提高审计软件的实用性。此外，必须制定好会计软件数据接口标准。只有这样，才能从被审计单位准确获取各种数据，实现有效的远程联网审计。

第三节　新型审计方式的风险防范措施

一、计算机审计面临的风险

（一）取证风险

一方面，审计人员获取的信息资料比被审计单位拥有的信息资料要少，信息不对称，审计人员处于劣势。审计人员虽然在审前调查期间能够了解一些被审计单位的基本情况，但是无法全面、准确地把握被审计单位一些隐含的经济活动的真实性，审计证据往往由于不充分、不恰当导致对某一问题不能做出正确的结论。另一方面，审计人员也可能经验不足，对重要的审计事项查证不实或者揭露不透彻，没能查深、查透、查实，查证到的证据不能完全反映问题的实质。这两方面都会影响审计结果的客观、公正，影响审计质量和成果。

（二）定性风险

审计结束时，审计人员主要依据有关法律、法规和相关规章对审计查出来的问题进行定性。但是，如果定性不当，则存在着下列几个方面的风险。

一是法律、法规和规章引用不当，法律、法规不能恰当地支持所做出的审计结论。

二是审计人员由于专业水平不高而对审计查出的问题判断、定性不准。例如，既可以将“小金库”问题定性为“账外资金”，又可以把它定性为“少计收入”，因而，造成处理不一致。

三是难以掌握一些违纪违规责任的界定与划分，界定不准会造成责任旁落，责任划分不清则会难以追究。

四是问题性质表述不当，不能准确地把握问题的性质，夸大或淡化了问题的严重程度。

（三）操作程序风险

虽然我国制定了一些法律、法规、行为准则、操作程序和内控制度，但都是为手工审计而制定的，符合计算机审计的法律、法规、行为准则、操作指南和内控制度还未出台。审计人员的行为只能在一定程度上得到规范。在实际审计工作的执行过程中还存在着一些受诸多因素影响导致的违反操作程序、不自觉遵守准则、实际工作与操作规程有偏差等问题，需要进一步改进。如果执行操作程序不完备，导致审计结论无效或者被审计单位质疑，往往会引起行政复议的风险。在实际审计过程中，为了有效规避操作程序风险，大都采取统一组织、统一方案、统一实施、统一定性、统一处理、分级审核、分别征求意见、告知被审计单位有权举行听证等来加以避免①。

（四）处理处罚风险

审计机关应依法对有关违纪违规事项进行处理处罚。若依法应该处理处罚而没有处理处罚，或审计处罚没有法律依据，或法律依据不当，或应由有关部门处理处罚而国家审计机关没有以向有关部门下达审计建议书的形式提请有关部门处理，而是越权处理处罚，则国家审计机关应承担处理处罚失当的法律责任，从而产生审计处理处罚风险。

二、计算机审计的风险防范措施

（一）提高风险防范意识

审计风险涉及审计主体、审计客体和审计环境等多方面因素。首先，要提高对审计客体和审计环境的风险意识，使审计人员认识到控制审计客体和审计环境方面的客观原因所引发的风险是非常难防范的。要仔细研究具体审计对象的管理和经营体制，对其内控环节及制度的完整和有效性进行评估。其次，要加强对审计主体的风险控制。防范和控制审计风险的关键在于审计主体，即审计机关采取的主动对策。如在审计机关内部建立健全业绩评价制度，有利于识别和预警审计

---

① 王静歌. 大数据下的审计风险成因、困境与实现路径［J］. 北方经贸，2021（7）：104-106.

风险，从而在一定程度上降低审计风险。

（二）提高审计质量水平

必须严格建立审计质量的制度控制体系，提高审计质量水平。通过审计项目管理系统来管理审计机关的审计质量控制规范，可在一定程度上规范审计行为，提高审计质量，防范审计风险。建立健全包括审计质量标准、审计质量责任、审计质量检查、考评制度在内的质量控制体系。一是在方法上，利用计算机程序，针对不同的审计阶段，建立审计准备、审计方案、审计日记、审计证据和审计工作底稿、审计报告草案、审计信息发布和总结等各环节的质量控制流程。利用软件系统提供的操作权限、控制功能，在各审计环节设置质量控制点。在计算机系统内如果未履行该步骤程序，则无法进入下一个环节。各级领导按照系统设定的权限，在不影响具体审计人员操作的基础上，对其工作进行实时监控。上机操作日志记录下了审计人员的作业痕迹，有利于审计责任的跟踪检查，使审计质量监督更加规范、有效。二是通过对审计机关外部审计质量控制的检查来达到对审计质量责任的控制。三是建立以审计项目质量为考核指标的导向制度，使审计人员逐步强化审计质量的意识。四是成立审计质量检查委员会，监督检查审计项目质量，评估和追究责任，切实起到对审计质量的制约作用。

（三）提高审计管理水平

随着审计信息化的不断推进，审计人员能够采用计算机技术、信息技术来实现审计管理的科学化。必须完善审计机关辅助办公系统（OA），完成财务管理、文书管理、机关事务管理、审计业务管理、考核体系管理、人事管理、政务管理等。按照机关管理的控制环节，将基础管理规范化，避免管理工作的随意性。为了保证审计机关高质、高效的审计管理，必须进一步研发现场审计实施系统（AO），对审计工作从程序上加以控制，并将OA、AO有机地结合在一起，形成一套严密的管理控制体系。

（四）提高电脑应用水平

最初的计算机审计是利用通用审计软件进行简单的查询和统计分析，现在已向建立具体业务审计模型方向发展。广泛采用计算机审计是现代审计的主要特征和发展趋势。目前，计算机审计已经进入快速发展阶段。普及计算机技术，提高计算机应用水平也迫在眉睫。采用计算机进行审计可使审计的范围更加扩展，审计的内容更加丰富，并逐步实现变审计抽查为详查，提高效率和质量，缩小风险范围。

第六章　推动我国审计信息化建设的思路与途径

第一节　明确审计信息化建设的必要性及优势

要进一步提高对审计信息化建设重要性的认识。审计信息化必须适应国家加快信息化建设步伐的要求，这不仅仅是审计技术方法问题，它还将对整个审计工作的方式、程序、质量和管理，乃至审计人员的思维方式和自身素质带来重大影响。近年来，通过审计信息化建设中的各种手段，提高了人们对审计工作的认识，但这种认识还只是停留在提高审计工作效率上。应加强审计工作人员对审计信息化必要性和审计信息化优势的认识。

一、审计信息化建设的必要性

（一）审计信息化建设是审计对象信息化迅速发展的要求

随着国家机关、企事业单位会计信息电子化步伐的加快，财务会计管理软件的应用趋向普及，会计电算化逐步从单机走向网络，且突破了空间局限，实现了对异地机构会计业务的即时远程处理与监控。与此同时，会计领域出现了计算机犯罪和舞弊，会计信息失真也呈现出新的内容和形式，审计人员若不能对管理财政财务信息的计算机系统进行审计，很可能是信息化条件下的“假账真查”，难以防范电子化条件下的经济犯罪和会计信息失真问题。审计对象在信息化方面的迅速发展变化，客观上要求审计机关的作业方式、审计人员的知识结构和技能必须及时做出相应的调整和改变，必须借助计算机技术，全面了解被审计单位的经济活动，发挥审计监督应有的作用①。

（二）审计信息化建设是实现审计工作规范化的前提和基础

审计信息化建设只有与审计工作相结合，才能促进审计工作规范化。作为审计人员，要想从繁重的手工劳动，从大量、重复、枯燥的计算中解脱出来，只有依靠信息化。信息化是人、法、技建设的重要内容之一，没有信息化建设，审计工作的规范化建设就无从谈起，审计信息化可以促进和带动审计工作规范化。

（三）审计信息化建设是参与国际竞争的需要

随着信息科技的进步我国的审计行业，尤其是社会审计机构面临着激烈的竞争。审计市场竞争的关键主要在于两个方面，一是业务范围，二是执业成本。目前发达国家的会计师事务所在信息化方面已经发展到较高的水平，如美国注册会计师协会在1997年就将业务范围拓展到电子交易网站的审计。与之相比，我国还有一定差距。要想在激烈的竞争中立于不败之地，就必须尽快实现审计信息化。

（四）审计信息化建设是审计自身发展变革的需要

从审计自身的发展来看，也充满了变革的动力。主要表现在审计效率和审计风险的矛盾冲突上。在传统手工审计条件下，审计人员为了提高工作效率常采用抽样审计方法，而抽样审计本身就具有一定的风险。审计信息化正是解决这一矛盾的有效途径。因为利用计算机不仅使抽样技术更科学，还能对某些重要项目进行详细审计，这就在大大提高审计效率的同时，也降低了审计风险。

二、审计信息化的优势

（一）审计信息化具有协同作业的优势

审计信息化所面对的是比以前更加广泛和复杂的网络经济活动，审计的具体内容除了企业的经济活动和财务记录以外，还包括使用的系统网络、外部网络及

① 唐雪薇，佟筱枫. 大数据时代审计信息化建设的实现路径探析［J］. 中国市场，2021（17）：195-196.

相关的企业，因此进一步分工协作成为必要。由于网络、计算机、现代通信技术在审计中的运用，使得多个审计人员协作、联合审计成为可能，能使审计资源得到更广泛而有效的配置和运用，从而大大提高审计能力。

（二）审计信息化具备审计连续性的优势

审计信息化借助网络、计算机、现代通信技术使得远程审计与就地审计相结合，当前审计与以前审计、后续审计相结合，因此，使审计跨时空作业成为可能。而网络经济的无边界性和复杂性又使得跨时空审计成为必要，跨时空作业使审计单位能够综合调用、管理机构内外的资源完成审计项目，将原本复杂、繁重的审计任务变成简单、方便、快捷的审计作业。

（三）审计信息化具有准确、高效的优势

审计信息化通过网络可以充分发掘和发挥计算机高速、准确的优势及审计软件的专业优势。对海量的网络财务数据和业务数据进行检索、查询、追踪、转化、抽取、比较、归类、合并、统计，信息检索的高智能化大大减轻了审计人员收集资料以进行职业判断的工作量。

第二节　实现企业审计信息的共享和协同

现在，互联网的发展速度越来越快，智能化、信息化将是各行业企业的后续产业结构发展方向，而其工作方式也处于持续变革状态。审计主要展现企业日常运转情况及其经济活动的审查、监督过程，然后通过审查结果决定企业的发展方向。要想提升该项工作的审计效率和创新发展速度，就需促使该项工作在各企业中以信息化形式存在，构建信息共享机制，确保各项业务之间具备更高的协同能力，进而很大程度凸显该项工作对于企业发展的作用。

一、审计信息的共享和协同对企业发展的意义

（一）有助于资源配置的优化和整合

在企业中构建该项工作的信息化系统，除了能以此为前提开展其信息共享之外，还可基于此确保不同部门、不同区域之间实现协同审计。涉及审计的专门部门可遵循该项共享机制交换信息并对其实现共享，有效地确保资源获取对企业更高的利用率和配置效果。该项协同机制按照审计项目的需求对于相关的人力、物力资源进行整合，不仅确保其获取更多的专业性支持，还能促使该项工作的开展深入性更强、范围更广，促进构建该项协同机制，推动企业、社会等各式资源具备更高的整合效果，进而以高度的全面性、专业性顺利开展该项工作。

（二）有助于提高审计监督的时效性

开展该项工作时，人力、物力等可通过审计部门投放其中，并遵循有关规定对企业展开该项工作。同时，众所周知，该项工作具备相对的阶段性特点，如果企业的业务活动具备长期性、实时性，则无法开展该项工作。该项工作具备较差的监督时效性。当该项工作处于信息化背景时，促使其他业务部门共享审计资料，不仅可以推动对应部门管理和维护此类资料，还能提高该项工作的监督时效性。一旦此类部门处于运作过程时发生问题，就可在此类资料的帮助下评估部门业务，促进凸显其审计作用。共享此类信息可提升其监督维度，促使该项工作快速适应企业的发展。

（三）有助于全方位提高审计质量和效率

由于该项工作的发展越来越信息化，其延伸出的活动也不再过多地遭受空间限制，就算部门、区域、行业之间存在差异性，也可在此前提下协同开展该项工作。当企业处于审计调查状态时，各方面资料的收集都可囊括其中，如果此时评估企业的某项内容，就需协同部分领域的技术人员或专家的指导完成该项工作。协同各部门开展该项工作，不仅能防止其工作人员对于此类资料出现重复收集的现象，还能在较高资源配置的基础上减少此类资料的收集难度，进而提升其工作效率。此外，因为该项工作的开展过程中协同使用的技术人员在专业、区域上具

备差异性特点，所以可防止其工作人员出现专业知识缺陷，进而确保该项工作的质量和可靠度得以提升。

二、实现审计信息化信息共享和业务协同的措施

（一）构建标准化审计信息资料库

就技术角度来说，因为日常工作中的文件在格式、版本上具备差异性特点，致使大部分资料不能共同分享。只有确保该项资料库的构建具备标准化特点，才可开展基于此类协同下的该项信息化工作。现在，我国正加大该项信息化工作的发展力度，各式审计软件及其系统也屡见不鲜①。但是，要想此类信息处在差异性软件环境下实现共同分享，就需规定此类资料的数据、文档等方面具备标准格式。并且，只有此类系统处于各式平台进行运作，才可确保其协同过程得以实现。

（二）摒弃传统审计理念，加大审计人员的信息技术培训力度

企业只有相对应地支出其财力、物力和人力资源，提升该项工作人员的各方面素养，通过有效措施推动该项工作人员摒弃传统审计理念，确保其高度重视该项信息化建设。对企业从事该项工作的主要计算机技术人员进行培训，促使其在该项建设过程中运用关键的信息技术；当企业的审计人员具备一级工作能力，就可培养其具备各项计算机技术的熟练运用能力，进而确保这些人才作为该项信息化发展过程的中坚力量②。

（三）增强部门间的沟通和交流

只有加强该项工作人员的信息技术培训力度，才能推动企业实现信息化建设。同时，其培训过程还需具备长期性和短期性特点，重点针对该项工作推进过程的技术知识。除了企业各审计部门可承担其风险的监管责任外，同时，其他职

① 胡秀丽，彭思喜．校企协同的信息化教育资源共享机制研究［J］．经济研究导刊，2018（6）：150-151+183.

② 黄金花．大数据时代对我国企业审计信息化的冲击与影响［J］．今日财富，2020（1）：37-38.

能部门也可通过自身优势技术预防和解决其可能出现的风险。同时，加大各部门之间的交流力度，重点培养其合作理念的同时选取科学的信息技术，推动该项工作后续进程中的数据维护和管理更具便利性，进而提升企业的风险防范能力。

总的来说，该项信息化工作可在此类协同机制的基础上快速发展，企业也要重点构建自身的信息化平台，确保其管理模式、目标具备科学性，借此持续提升其审计效率，促使企业获取高度准确的审计结果，进而确保企业的后续发展过程更具稳定性、长期性特点。

第三节 促进审计信息化人才培养

在我国要开展审计信息化，人才的培养是至关重要的。因为当前我国的状况是，审计人员大多熟悉手工审计技术与方法，计算机审计的技能与知识的运用还不够充分，计算机人员又缺乏审计原理与实践经验，所以要从多方面着手，培养审计信息化综合人才。

一、对审计信息化操作人才的培养

对操作人才的培养，可以在众多的现有财务审计人员中进行培训，无论是审计署还是注册会计师协会，或者企业都可以请专家进行授课，主要进行计算机审计的初级培训，包括在审计中如何利用软件，尤其是通用或专用审计软件的使用。此外，还包括计算机会计信息系统下财务审计准则、技术、方法等的培训等，最终提高广大审计人员操作计算机、应用计算机审计的能力，推动我国审计信息化的进程。

此处的培训包括：掌握计算机系统的基本知识，如微机系统的组织结构、微机系统的安全控制知识等；掌握计算机网络的组织结构、计算机网络的实施原理、计算机网络的安全与控制以及对网络的应用范围及安全控制知识；熟练使用计算机的技能，既能熟练使用计算机硬件，也能熟练使用计算机软件等；熟悉会计数据电算化处理技术和计算机会计信息系统数据库设计原理；掌握几种较好的通用审计软件或者专用审计软件的使用；掌握审查计算机会计信息系统的系统文档和评价计算机会计系统内部控制的方法与技能；掌握充分的计算机辅助审计或计算机会计信息系统环境下财务审计的知识；熟悉计算机审计软件维护的基本方法①。

二、对审计信息化开发人才的培养

要开展审计信息化，首先要有符合审计工作要求的计算机应用软件，因此，培养计算机审计软件的开发人才是发展审计信息化的基础。审计软件与一般软件的开发方法基本相同，开发过程中，需要系统分析员、系统设计员、程序设计员等。系统分析员的职责是分析审计系统的功能及流程，首先需要研究手工会计信息系统或计算机会计信息系统，根据审计的要求确定计算机审计系统的目标，确定系统能“做什么”。其次用数据流程图描述计算机审计系统的数据处理流程，并在系统分析说明书中进行分析结果的描述。系统设计员的职责是进行计算机审计系统的具体设计，详细设计出整个计算机审计系统的流程结构图，逐个设计子系统或模块的数据存储形式、代码编码方式、输入输出内容及格式等。程序设计员的职责是根据系统设计员设计的方案设计较详细的程序流程图，随后选择计算机高级语言编写程序，并进行程序的测试和系统的调试等。可见，计算机审计系统开发人才需要具有丰富的手工会计信息系统审计或计算机会计信息系统审计的知识，应熟悉会计、审计、管理工作的方法与程序，此外，还要掌握软件开发的知识以及硬件配置的技术。这样的人才需要经过较长时间的培养与多学科的教育，短期培训不容易完成。计算机审计开发人才的培养，可以采取以下方法：在高等财经院校的审计专业设置计算机审计方向，招收计算机审计方向的本科生或研究生，让他们既学习审计、会计知识，又学习计算机知识以及信息系统开发知识等。毕业后，通过几年实践，他们即可担负计算机审计开发的职责。

在审计部门引进计算机软件专业的毕业生，对他们进行会计、审计知识培训，并让他们参加审计开发工作实践。

对审计部门中有一定计算机基础的审计人员，进行计算机知识的培训或进修，使他们系统地学习计算机高级语言、程序设计方法、软件工程、计算机信息系统等知识，以便今后能适应开发计算机审计系统的需要。

① 崔春. 审计信息化专业人才培养模式研究［J］. 中国管理信息化，2016，19（6）：46-48.

这里需培训的知识和技能包括：会计准则及会计处理方法，审计准则及相关的审计技术、方法等知识；数据处理知识、程序设计知识、操作系统、计算机网络系统、数据库管理系统的原理及应用等计算机基础知识；计算机会计信息系统的结构、计算机会计信息系统的运行及数据处理过程、计算机数据处理的内部控制技术，计算机会计信息系统的内部控制技术、开发流程及开发方法和技术等计算机会计信息系统的结构与开发知识；掌握计算机高级语言和开发审计软件的基本技能，并熟悉计算机网络技术、电子商务系统、分布式数据库管理原理和其他信息技术。

三、对审计信息化维护人才的培养

计算机审计系统投入使用以后，由于系统内外环境的变化，往往需要对系统进行适时修改。计算机审计系统的维护一般可分为硬件维护和软件维护两种。

硬件维护主要是对计算机硬件设备进行检测，更换已损坏的部件，清洗机械部件以及日常的故障排除等。由于硬件维护的工作量相对较小，维护工作可由审计部门的计算机中心或计算机销售部门承担。

软件维护包括修正性维护、适应性维护、完善性维护、日常使用维护等。修正性维护是改正计算机审计软件开发阶段未发现的错误，计算机审计软件在开发过程中已经经过测试，但是软件测试并不能发现软件中的全部错误，有一些错误只有在审计系统的应用过程中才能发现，所以需要维护人员进行修正性维护。适应性维护是随着计算机软件、硬件环境的变化，随着经济环境及法律、人文等环境的变化，为了使计算机审计系统适应变化了的环境，需要进行一些功能的修改。完善性维护是为了增强软件的功能而对审计系统的修改。日常使用维护是指在计算机审计过程中，由于停电、硬件故障、审计程序或数据丢失、破坏等意外事故，导致系统无法正常运转，而对审计软件和数据所进行的恢复等维护工作。

计算机审计系统的维护若不及时，就会影响系统的正常运行，影响审计的效率，因此，要发展计算机审计，就要做好计算机审计系统的维护工作。对于规模较小的计算机审计系统，维护工作可由程序设计人员兼任；对于规模较大的计算机审计系统，应配备专职的维护人员对软件的日常使用进行维护。维护人员需要熟悉计算机审计系统的功能结构、数据结构、操作步骤，可通过对审计部门的审计人员或计算机技术人员进行短期培训来培养维护人员。

四、对审计信息化管理人才的培养

审计信息化管理人才是指处在政府或企业管理当局，在计算机审计过程中发生各种矛盾或问题时，真正发挥组织、协调与决策等领导作用的管理人才。由于计算机审计管理人才只是完成管理职能，并不完成具体的审计业务，所以对计算机审计管理人才的培训，应注重计算机审计理论的培训，使他们对计算机审计的概念、技术、实施有全面而概括的了解。此外，还要加强简单的计算机操作技术的培训，使他们知道从计算机审计系统中可以获得哪些审计信息、如何利用这些信息等。

对于计算机审计人员自身而言，应依据计算机审计对审计人员的要求以及自身的具体职责，通过阅读书籍及参加实践培训，学习广博的计算机审计相关知识，培养自身综合的计算机审计技能。

五、对审计信息化人才的引进

在人才引进方面，要“不拘一格选人才”。要抓住当前计算机专业毕业生供过于求的有利局面，通过公开招考、层层选拔，引进一批高层次的、拥有硕士以上资格的技术人才，组成审计系统计算机审计顶级人才队伍，利用他们的技术优势解决计算机审计过程中复杂的技术问题。在人才培训上，一要选拔一批审计业务精湛的年轻同志，通过强化计算机技术培训，使之迅速掌握审计现场必备的计算机操作技能，提高计算机审计能力，成为复合型人才，形成计算机审计的中间层；二要在重点搞好培养复合型人才的同时，从整体上提高计算机审计应用水平，达到一个最低应用水平的要求，建立计算机审计的广泛群众基础，形成计算机审计的底层。这样就建成了审计队伍的多层次、立体化的三层结构。当然，这需要提高审计人员的待遇，提供其发展的平台，为其创造良好的发展空间，以推动审计信息化向前发展。

第四节　完善审计信息化的规范标准

规范标准也就是实现审计手段和审计行为规范化，具体包括审计法律规范、业务规范和技术规范三个方面。

一、完善相关法律规范

宪法对我国审计制度做了原则规定，审计法及其实施条例和会计法、预算法、银行法、公司法等法律法规做了具体规定。应当说现在我国已建立了审计的基本法律规范，但是审计的法律规范还不完善。以计算机审计为例，现有法律法规对此规定得并不明确，因而审计实践中遇到了诸多法律障碍。如审计机关能否进入被审计单位的信息系统等，法律规范都不明确。

二、完善业务规范

所谓业务规范也就是审计准则和审计指南。业务规范滞后，制约了审计信息化的发展。审计信息化要建立在标准语言、标准格式的基础上。经过多年的努力，审计署虽然发布了国家审计基本准则、企业财务审计准则等审计准则，但还有很多审计准则正在研究过程中，这制约了审计指南制定的进度。而计算机审计、信息化建设没有指南和准则就很难规范。审计人员单凭经验和职业判断进行审计，必然带有很大的随意性。只有把审计人员的经验变成书面语言，再转换成规范的电子语言，计算机才能接受和执行。而要将这些经验用书面语言记载下来，再变成电子语言，就必须要有规范的审计准则。比如，对一些问题的定性表述，必须有标准化的审计语言，否则，不同的审计人员对同一个问题由于表述方式不同，定性和处理意见也就不一样。正因为我们还缺乏具体的业务规范，因而在很大程度上制约了计算机软件的开发。新的审计准则应是会计信息化环境下审计的标准化，是衡量审计工作的标准。用一个通行的标准给审计软件提供统一的接口，在统一财务软件开发标准的前提下集中既懂财会业务、审计业务，又精通计算机技术的有经验的专业人员开发适合我国现实情况的审计软件，不仅要对输入的原始数据和打印输出的会计数据进行检查，还必须对会计信息化系统的可靠性、安全性进行检查，根据系统设计的流程图，重点检查程序设计是否符合会计法规、会计制度，以考核它的合法性和合理性，并利用被审计单位的实际数据对系统进行处理和检验，同时要对信息系统的数据文件进行审计，为以后的审计工作奠定基础①。

三、健全审计技术规范

认真总结、研究制定计算机审计的基本技术与方法，审计标准化语言、数据库结构标准、数据格式标准、参数接口标准等，尤其是对数据接口标准的制定。

审计数据接口要解决的首要问题是在不增大审计成本的前提下，达到审计数据“转存”功能的实现，并应满足自动化、标准化、性价比最优的标准。为了成功地实现审计信息化中会计数据向审计数据的转换，目前审计数据接口的实现形式主要有以下三种。

（一）开发专用审计数据接口

开发专用的审计数据接口实际上就是在原有的会计信息系统中预留出审计接口，使被审计单位的数据库系统与审计软件的数据库系统一致，或者虽不一致，但审计软件的数据库可以直接访问被审计单位的数据库存系统。

从技术上看，开发专用的审计数据接口并不困难，因为对于会计软件的开发者来说，数据结构、数据的处理过程及其存储都是透明的，只不过是将某种加密或压缩输出的数据改为直接以标准的、广为接受的格式输出。这种会计软件与审计软件之间的数据接口，使会计系统的数据能够快速、流畅地进入审计系统，极大地提高了审计效率，降低了审计成本。它的最大优点是方便、快捷，但原始数据不能被任意审计软件识别。

（二）利用数据库访问接口直接访问

在审计信息化中，可以利用ODBC、ADO等数据库连接件，将被审计单位的信息系统和审计系统直接相连。通过这种审计数据接口，审计系统可以直接访问

① 彭绍进. 试论我国审计信息化建设［J］. 商场现代化，2005（16）：137-138.

存在于被审计单位信息系统中的数据，并将其转换成审计所需要的数据格式。这种审计数据接口采用了数据访问技术，可以适应各种数据库和异构数据，编程实现相对简单，但对源数据库表结构的分析要求较高，其实现过程如下。

1．对会计软件的数据结构进行剖析

会计软件中的数据库设计可分为辅助数据库、临时数据库和主要账务文件数据库。辅助数据库是为完成账务处理及软件控制而设置的，如用户权限库、用户操作记录库等；临时文件数据库用于存放会计软件运行过程中临时产生的一些数据，如凭证临时汇总、查询结果等；主要账务文件数据库是会计软件的主体，是指构成一个单位会计核算系统的最基本的数据文件，包括科目编码库、记账凭证库、余额库、科目汇总库等。对于不同会计信息系统，其设计风格和设计思路不同，但由于都需要完成会计核算的基本要求，主要账务文件数据库的设计要遵循会计制度与会计准则，所以各会计软件对一些主要数据库的设计思想是大同小异的。由于在会计电算化工作中，除了系统初始化和根据业务类型编制记账凭证外，其余的工作如记账、结账、编制报表等都可以由计算机自动处理。设计审计数据接口时只要针对会计软件的主要账务文件数据库中的记账凭证、科目编码、年初余额三类数据进行分析、整理和转换，调入审计软件系统中，就可以生成完备的审计数据，开展各项审计查证业务。

2．数据读取和转存

对会计软件的开发者来说，数据结构、数据的处理过程及对会计软件的数据结构进行分析后，审计系统可以通过数据库连接读取数据并将其转换成审计需要的格式。对于比较庞大的信息系统，出于审计成本和工作效率的考虑，辅助数据库和临时数据库中的数据，可以不作为转换到审计系统中的基本数据，而是建立被审计单位数据文件特征库，存放被审计单位的账、证、表等文件的文件名、所在目录、各文件的结构以及各个数据文件的关联关系等，以便于以后的审计工作使用。如果被审计单位信息系统采用单机数据库系统，如Access、FoxPro、Dbase等，审计系统可采用ODBC数据库连接件直接访问这些数据库，规定获取数据的范围和时间段。如果被审计单位信息系统采用的是大型数据库系统，如Oracle、Sybase等，审计系统需要用专用数据库连接件如Oracle SQL NET、Sybase Open Client通过计算机网络与这些数据库系统建立联系。

通过数据连接件设计审计数据接口往往需要具有较高的计算机专业技术素质

和能力，同时由于要对会计信息系统进行全面分析，还需要被审计单位在技术上的密切配合。基于以上原因，这种方式在实际操作中要量力而行。

（三）通过文件传输转换

被审计单位按照审计要求，可以通过交换文件将原本不符合审计软件要求的数据转换成与审计软件要求相一致的数据。这种数据接口要求审计单位与被审计单位共同参与，约定传输数据的内容、格式和规范，然后在被审计单位信息系统中开发数据文件的前处理器，通过前处理器从被审计单位信息系统的数据库中读取审计数据，转换成数据交换文件；同时，需要在审计系统中开发数据文件的后处理器，以便读取交换文件中的数据，并转换到审计系统的数据库中。

这种方式下审计数据接口的工作主要包括文件内容、格式、规范的确定和前后处理器的开发，交换文件一般为文本文件。这种审计数据接口实现方式具有一定的科学性和可行性，一般针对被审计单位信息系统采用大型数据库系统，使用数据库连接件直接建立审计接口有困难的情况。这种方法的技术难度不大，实际使用时也较为方便，但它的程序设计工作量较大，并且直接对被审计单位提出了技术要求，难以立即执行。

通过对以上三个审计数据接口的实现方式的分析，可以看出各种方法各有利弊，在实际的审计信息化中要根据审计要求来确定采用哪种审计接口。对于集团的内部审计，比较适合采用专用审计数据接口，因为只要在原有的会计信息系统中配置一个“审计器”就可以方便地实现实时的监督与管理了。利用数据库访问接口来设计的审计数据接口，可以用于对某一行业的审计，如对银行系统开展的政府审计。在注册会计师审计中，由于面向的审计对象是多种多样的，而文本文件具有很强的通用性，所以可以多采用交换文件作为审计数据接口。

结束语

财务信息化为财务、经营一体化和动态管理搭建了基础技术平台，对我国的经济发展越来越重要。笔者经过探究，认为财务信息化管理以及审计信息化应采取如下优化措施。

（一）转变管理观念，树立以信息化管理为核心的财务管理理念

财务信息化管理建设中，先进的管理理念必不可少。这就要求相关管理者把握发展趋势，及时转变传统观念，树立以信息化管理为核心的财务管理理念，充分认识信息化管理的重要性。相关的管理者要根据实际状况不断调整指导思想。真正理解信息为管理服务的理念，形成决策办事讲科学、靠信息的工作习惯。相关人员在信息管理工作中，要完善基础数据处理，加强实时监控。

（二）做好财务管理的正确定位，构建自身的信息化系统

再先进的管理系统在操作中如果脱离了实际状况也会成为“无本之木”，难以发挥其优势。由此可见，进行财务信息化管理时，要根据财务管理中的实际状况与具体问题做出整体性的规划，并依据自身的规划做好相关管理软件的推广应用。在面对复杂的经营环境时，采取集中式的管理模式，加强区域性财务数据的交流分析，完善资金流动的动态监管，依托财务报表发挥大数据的分析能力。

（三）探索科学发展之路，进一步推进审计工作创新

社会在发展，时代在进步，创新是一个永恒不变的话题，因此，将科学发展观运用到审计工作当中，也需要在不断探索科学发展道路的同时，进一步推进审计工作创新。首先，在做好合法、真实审计的同时，开展效益审计。效益审计是

促进资源合理分配与利用，提高经济效益的关键。当前已经完全具备效益审计要求，相关法律也提出了规定，因此，做好效益审计是创新审计工作的第一步。在效益审计当中，机关工作人员应该紧跟时代潮流，做好相关部署，在探索科学发展之路的同时，稳步发展经济。其次，做好日常审计工作的同时，开展专项审计调查。专项审计调查主要从宏观发展的角度出发，是凸显审计工作优势的关键。为了进一步创新审计工作，政府审计机关应该每年安排一些专项审计调查项目，将调查目标、内容、重点提前告知，从机制、法律、社会、政策等多方面分析问题，发挥审计的宏观效应。最后，在做好静态审计的同时，注重开展动态审计。审计工作大多为事后监督工作，如果将审计工作停留在静态数据的检查之上，很有可能丧失动态事件的主动权，不利于社会发展。在静态审计的同时，审计机关还需要做好动态审计，充分了解动态事件情况，及时做出相应的对策。

综上所述，在信息化的环境下实现财务管理系统的高效运行是一项综合性的系统化工程。在进行财务管理信息化的过程中应当重视高端人才的培养和引进，重视对专业财务员工的培训和再教育。在财务管理信息化过程中，不断创新方式和方法，为实现财务信息化管理以及审计信息化建设提供可利用的措施。

参考文献

[1] 吴晓峰. 关于国有企业财务信息化的探讨［J］. 商讯，2021（1）：55-56.

[2] 马爽. 大数据时代审计信息化问题和对策［J］. 中国市场，2021（6）：181-182.

[3] 孙洪雷，孟虹. 谈会计信息化对企业财务管理的影响［J］. 纳税，2021，15（3）：135-136.

[4] 潘霞芳. 财务信息化对企业内部控制的影响及对策［J］. 中国商论，2021（3）：132-133.

[5] 刘建波. 信息化技术在财务管理中的应用研究［J］. 中国产经，2021（2）：167-168.

[6] 邓福华. 财务信息化管理对高校财务内控的影响［J］. 农村经济与科技，2021，32（2）：94-95.

[7] 刘庆云. 大数据视域下的企业财务会计信息化管理分析［J］. 中国商论，2021（5）：154-156.

[8] 张燕. 企业财务管理中存在的问题与对策［J］. 中国集体经济，2021（6）：154-155.

[9] 焦锟. 企业财务管理中的业财融合问题及解决措施分析［J］. 中国中小企业，2021（2）：178-179.

[10] 侯艳. 企业财务管理信息化的风险管理策略研究［J］. 中国乡镇企业会计，2021（3）：171-172.

[11] 袁玉珍. 新时代建筑企业财务管理信息化建设思路［J］. 商讯，2021（11）：67-68.

[12] 田敏慧. 基于大数据背景的医院财务信息化建设 [J]. 行政事业资产与财务，2021（5）：29–30.

[13] 谢彩霞. 企业财务管理信息化建设及其改善 [J]. 财经界，2021（13）：157–158.

[14] 姚珊. 信息化管理下基层医疗机构财务内部控制研究 [J]. 财经界，2021（14）：127–128.

[15] 李沐. 企业财务管理信息化建设路径研究 [J]. 经济师，2021（5）：66+68.

[16] 吴凤姣. 大数据时代下企业财务管理创新研究 [J]. 行政事业资产与财务，2021（9）：107–108.

[17] 赵玉婷. 现代企业财务会计信息化管理体系创新 [J]. 中国商论，2021（13）：165–167.

[18] 杨亚莉. 探究财务信息化安全问题及对策 [J]. 纳税，2021，15（19）：117–118.

[19] 张悦涵. 内部审计信息化的发展现状、趋势与对策 [J]. 中国内部审计，2013（8）：61–63.

[20] 夏维华. 大数据时代政府审计信息化建设研究 [J]. 财会通讯，2019（16）：110–114.

[21] 郑蕊平. 企业内部审计信息化建设 [J]. 山西财经大学学报，2019，41（S2）：67–68.

[22] 周德铭. 国家审计信息化的模式创新与能力发展 [J]. 电子政务，2013（7）：45–56.

[23] 中国内部审计信息化发展报告 [J]. 中国内部审计，2014（3）：4–10.

[24] 陈冬梅，刘彦军，王红霞，等. 企业内部审计信息化建设研究 [J]. 中国内部审计，2014（8）：70–73.

[25] 林晓松，汪虹郡. 大数据在审计信息化中的应用及思考 [J]. 中外企业家，2020（9）：73–74.

[26] 倪敏，吕天阳，周维培. 审计信息化标准体系探讨 [J]. 审计研究，2020（3）：3–11.

[27] 陈春梅. 审计信息化研究 [M]. 长春：吉林科学技术出版社，2020.
[28] 吴沁红，刘会齐，王凡林. 审计信息化理论与实务 [M]. 北京：电子工业出版社，2018.
[29] 毛华扬，张志恒. 审计信息化原理与方法 [M]. 北京：清华大学出版社，2013.
[30] 石爱中. 国家审计信息化持续发展研究报告 [M]. 北京：中国时代经济出版社，2014.
[31] 叶兵. 审计信息化研究与实践 [M]. 北京：中国时代经济出版社，2014.
[32] 陈伟. 审计信息化 [M]. 北京：高等教育出版社，2017.
[33] 张焘，童强. 审计项目信息化管理 [M]. 北京：中国水利水电出版社，2006.
[34] 胡孝东. 审计信息化 [M]. 北京：高等教育出版社，2016.
[35] 王崇叶. 财务管理与会计信息化创新研究 [M]. 北京：中国纺织出版社，2020.
[36] 胡薇. 财务管理信息化研究 [M]. 延吉：延边大学出版社，2017.
[37] 楚冬梅. 信息化时代财务工作现状与发展 [M]. 哈尔滨：哈尔滨出版社，2021.
[38] 王正伟. 企业财务信息化管理 [M]. 北京：中国广播电视出版社，2002.
[39] 韩吉茂，王琦，渠万焱. 现代财务分析与会计信息化研究 [M]. 长春：吉林人民出版社，2019.
[40] 龙敏. 财务管理信息化研究 [M]. 长春：吉林大学出版社，2016.
[41] 王顺金. 财务业务一体信息化技术研究 [M]. 北京：北京理工大学出版社，2015.
[42] 李荣融. 企业财务管理信息化指南 [M]. 北京：经济科学出版社，2001.